사계절 입맛 돋우는
채식밥상
40가지

최성은

살림Life

에코人이 함께 만든 책!
먼저 읽어 봤어요!

김경숙 | 충북 청원군 강내면

일상생활에서 흔히 접하는 채소와 곡식에 대한 친절한 안내서입니다. 쉽게 접할 수 있는 재료로 구성해서 좋았습니다. 밥 짓는 방법과 채소의 특징을 설명한 부분(챕터 1)을 보면서 친절하다는 생각을 했고요. 저처럼 아직 결혼하지 않은 사람이나 초보자들에게 그동안 봐왔던 요리책에 비해 재료가 적고 일반적인 것들이 많아 실용성이 있어 보입니다. 그리고 밥 짓는 법, 채소에 대한 일반적인 관리방법까지 소개해 참 좋았습니다. 초보자들에게 좋을 것 같아요~

김정현 | 강원도 강릉시 교1동

땅에서 나는 곡물과 채소를 묶어 요리책을 만들었네요. 여기에 생활상식도 많이 들어 있어서 주부뿐만 아니라 건강에 관심 있는 사람이라면 누구나 읽어 봐도 좋을 것 같습니다. 제일 재미있었던 곳은 '채소궁합' 부분이고요, 재미없던 곳은…… 흠, 없네요. 아주 좋아요.

강영구 | 서울시 관악구 신림동

채식밥상이라고 해서 채소만 생각했는데, 잡곡까지 포함한 상차림을 할 수 있어 한식을 구성하는 데 참 요긴하다고 생각합니다. 챕터를 열매채소 요리, 줄기채소 요리, 뿌리채소 요리, 곡물 요리 등으로 나누어 요리 찾기가 쉽지 않겠다 싶었는데 간식, 반찬, 별미 요리로 나눈 '한눈에 보는 레시피'가 있어 요리 찾기가 수월했어요. 편집이 돋보이네요.

※ 「살림로하스」 원고 모니터링에 참여해 주신 한살림, 파주두레생협, 마포두레생협 조합원 100여 분께 감사드립니다.

고기보다 더 맛있는 채소 요리

 저렴한 비용으로 푸짐하게 식탁을 차릴 수 있는 식재료는 채소입니다.

하지만 채소를 좋아하는 아이들은 별로 없지요. 채소로만 상을 차리면 왠지 성의 없어 보일 수 있고요. 하지만 채소를 이용한 요리가 고기 요리보다 손이 많이 가고 맛내기가 쉽지 않다는 것을 알까요? 정성이 더 들어가야 한다는 말입니다.

보통 채소요리라고 하면 샐러드, 나물, 쌈 등을 떠올리는 게 전부이고 맛이 없더라도 건강을 위해 꼭 먹어야 한다고 생각하지요. 저는 이 책을 준비하면서 채소요리가 얼마나 맛있는지 또 채소로 얼마나 다양한 요리를 만들 수 있는지 알려 드리고 싶었습니다.

특히 흙이 묻어 있는 통통한 감자, 수분을 가득 머금은 탱탱한 가지, 거칠거칠한 현미 등 신선한 재료들을 보며 반가운 마음에 덥석 집어 들고 싶지만 '어떻게 조리할까?' 고민하는 분들에게 말이지요.

채소 메뉴를 정할 때 몇 가지 꼭 챙겨야 할 것이 있습니다. 첫째, 제철재료를 이용하는 것입니다. 제철재료는 가격도 저렴하고 영양가도 높아 건강과 주머니 사정을 고려할 때 최고의 식재료라고 할 수 있습니다. 둘째, 뿌리, 줄기, 잎, 곡식을 골고루 섭취하는 것입니다. 그래야 영양을 균형있게 섭취할 수 있습니다. 셋째, 색깔이 다양한 채소를 골고루 먹는 것입니다. 색깔에 따라 영양성분이 다르기 때문이지요. 넷째, 굽고, 삶고, 찌고, 볶는 등 조리 방법을 다양하게 하는 것입니다. 생으로 먹는 것도 좋지만 영양이 더 잘 흡수되도록 익혀 먹는 것도 좋습니다. 또 익히면 채소를 더 많이 먹을 수 있어 좋답니다.

하지만 채소요리가 아무리 좋아도 요리하고 남은 채소의 처리는 주부들의 또 다른 고민거리입니다. 대개는 냉장고에 방치하다 결국 버리게 되는데 조리법만 달리 한다면 같은 재료로 요리를 다양하게 만들 수 있습니다. 예를 들어 부추를 한 단 산다면 부추잡채, 부추전, 부추김치, 부추무침 등을 만들면 좋지요. 배추 한 통이 있다면 배추 된장국, 배추 된장무침, 배추 겉절이, 배추 전골 등 다양하게 변신이 가능합니다.

외식보다 집에서 만드는 소박한 밥상이 건강에 좋은 건 누구나 아는 사실입니다. 하지만 바쁜 현대사회에서는 그것조차 어려운 일이 되었습니다. 안타까운 일이지요. 이 작은 책에 모든 걸 담기에는 틀림없이 부족하지만 관심을 갖고 따라 하면 쉽게 만들 수 있는 채소요리 레시피를 정리했습니다. 맛있고 건강한 식탁 만들기에 이 책이 조금이나마 도움이 되길 기원합니다.

출판 제의를 받고 고민할 때 채식주의자인 막냇동생이 '이런 책, 정말 기다렸어'라며 힘을 실어 주었던 일이 생각나네요. 유난히 무더웠던 지난해 여름, 촬영할 때 한걸음에 달려와 준 이현지 씨, 홍승희 씨에게 다시 한 번 감사드립니다.

최 성 은

5

한눈에 보는 레시피

● **출출할 때 좋아요**

 간식

 가지 그라탱 29

 단호박 찹쌀 케이크 32

 시금치 옥수수 치즈구이 68

 연근 피자 77

 고구마 아이스크림 80

 양파소스 구운 채소 샌드위치 95

 콩 바게트 샌드위치 106

 깨강정 스틱 118

 밤 부꾸미 123

샐러드

 토마토 가리비 샐러드 31

 셀러리 사과구침 62

 흑미 샐러드 104

수프

 단호박 수프 85

 브로콜리 수프 85

 감자 수프 86

 당근 수프 86

죽

 보리죽 108

 팥죽 108

 흑임자죽 111

 발아현미 호두죽 111

● **한 끼 스사로 좋아요**

 브로콜리 마늘 볶음우동 35

 죽순채 소면 40

 오이롤 43

 부추 수제비 52

 열무 들깨탕 54

Think Green!
Love Lohas!

자연과 사람을 공경하는
당신이 아름답습니다!

인간과 지구는 함께 살아가는 동반자입니다.
살림로하스는 개인의 건강뿐만 아니라 사회의 건강, 자연의 건강을 추구합니다.
잘 먹고 잘 사는 웰빙을 넘어 인류와 지구를 생각하는 작지만 큰 실천을 담고 있습니다.
지구도 살고 인간도 사는 로하스 라이프!
작은 습관의 변화가 큰 변화를 만들어 냅니다.

▎일러두기 ▎

1. 먹을거리의 기본은 맛입니다. 몸에 좋은 먹을거리도 맛이 있어야 즐겁습니다.
   살림로하스는 좋은 재료 그 자체의 맛을 살리는 최소한의 레시피로 건강한 맛을 추구합니다.

2. 모든 먹을거리는 믿을 수 있는 재료로 만든 건강한 요리여야 합니다.
   살림로하스의 모든 레시피에는 몸에 좋지 않은 것은 아무것도 넣지 않아 걱정 없이 즐길 수 있습니다.

3. 요리는 즐거워야 합니다. 레시피에 얽매이다 보면 요리가 어렵게 느껴집니다.
   재료 중 준비하기 어려운 것은 비슷한 맛이 나는 것으로 대체하거나 넣지 않아도 괜찮습니다.
   좋아하는 재료를 더 넣어도 좋습니다. 살림로하스의 레시피를 가이드라인으로 삼아
   자기만의 요리 스타일을 살려 보세요. 단 요리 초보자라면 처음에는 레시피대로 하는 것이 좋습니다.

Contents
차례

CHAPTER 01

싱싱한 채소로
활력 충전 건강 쑥쑥

우리 밥상은 밥을 주식으로 한 탄수화물 위주로 구성되어 있는데,
채소와 곡류를 함께 섭취함으로써 비타민과 각종 무기질, 단백질 등 영양의 균형을 잡을 수 있다.
특히 채소는 뿌리, 열매, 줄기 등 부위별로 영양이 다르고 쓰임도 달라 다양한 요리가 가능하며
채소만으로도 식탁을 풍성하게 할 수 있다.

건강 밥상 지킴이 곡물

우리 식탁에서 빼놓을 수 없는 주인공은 바로 밥이다. 주식이 고기가 아니라 밥이어서 참으로 다행스럽다. 과거 흰쌀밥이 고급식으로 대접받던 때도 있었으나 건강과 영양을 생각한다면 콩, 보리, 수수 등 각종 곡물을 섞어 섭취하는 것이 좋다. 특히 너무 많이 도정한 곡물보다는 통곡물 그대로 섭취하는 것이 바람직하다. 쌀도 점차 백미의 양을 줄이고 씨눈이 살아 있어 비타민이 풍부한 현미나 반만 도정한 오분도미 등을 적극 활용하자.

쌀 │ 밥을 주식으로 하는 우리에게 쌀은 가장 기본적인 곡물이다. 쌀은 도정해서 오래 두면 공기와 접촉하여 수분이 마르고 산패한다. 그래서 묵은쌀로 밥을 하면 윤기와 찰기가 없고 냄새가 난다. 쌀을 씻을 때 세게 문질러 씻으면 쌀이 부서지고 쌀눈이 다 떨어져 나가니 주의한다. 첫물로 쌀을 빨리 헹궈 쌀겨 냄새를 뺀 뒤 따라내고 다시 물을 넣어 주무르듯이 비벼 씻는다. 네다섯 번 헹구어 30분 불린 뒤 체에 건진다. 물에 오래 담가 두면 밥맛이 떨어진다. 쌀을 세 번째 씻을 때 받은 쌀뜨물은 영양이 좋고 구수한 맛이 살아 있어 찌개나 국 요리에 넣으면 좋다. 쌀에는 탄수화물이 81.9퍼센트로 가장 많이 들어 있고 단백질은 6.4퍼센트, 지방은 0.5퍼센트 들어 있다. 주성분인 전분은 엉기는 성질의 아밀로스와 끈기 있는 아밀로펙틴으로 구성되어 있다. 밥이 차진 것은 아밀로펙틴 때문이다. 쌀눈이 있는 배아 부분에는 활성산소를 억제하는 항산화효소, 즉 SOD가 풍부해 질병과 노화를 막아주므로 쌀눈이 붙어 있는 현미를 섭취하는 게 좋다. 흰쌀밥은 부드럽고 단맛이 많이 나 맛있지만 도정하면서 씨눈과 식이섬유소가 깎여 나가 영양 손실이 크다. 이런 까닭에 현미를 먹으면 병에 대한 저항력이 커지고 체질개선에 좋다. 단 현미에는 껍질이 남아 있어 밥을 지을 때 백미보다 오래 불려야 한다. 그래도 거친 느낌이 들 수 있으므로 압력솥에 밥을 짓는다.

밀 │ 우리가 쌀 다음으로 많이 먹는 곡물이 밀이다. 밀의 주성분은 녹말이며 단백질로는 글루테닌, 글리아딘, 글로불린이 들어 있다. 밀가루는 점성에 따라 식빵을 만드는 강력분, 국수를 만드는 중력분, 케이크나 과자를 굽는 박력분으로 나누어 쓴다. 보통 통밀로 먹기보다 밀가루로 해서 먹는데 다른 곡물에 비해 당분은 낮고 단백질은 많다. 밀가루 음식이라 해서 저평가되는 것은 수입과정에서 방부제나 표백제가 첨가되거나 도정과정에서 영양소가 파괴되기 때문이다. 밀은 글루텐이 많이 들어 있어 쫄깃하고 팽창력이 뛰어나 각종 빵, 국수, 과자 등을 만드는 데 꼭 필요한 곡물이다. 우리밀을 먹는다면 섬유질이 많고 면역력을 키워주는 영양소 풍부한 곡물을 첨가물 걱정 없이 섭취하는 셈이다.

콩 │ 콩은 곡물 중 단백질이 가장 풍부하다. 다른 곡류에 부족한 라이신, 시스틴, 트립토판 등이 많고 풍부한 아이소플라본이 칼슘 흡수를 좋게 해 여성의 골다공증을 예방하고 남성의 전립선암을 예방해 준다. 콩에 함유된 풍부한 단백질과 필수 아미노산은 성장을 도와주고 노화를 예방하며 각종 성인병에 좋다. 콩은 밥에만 섞어 먹는 것이 아니라 청국장, 된장, 두부, 두유 등으로 가공해 섭취하는 경우가 많은데 콩 단백질은 열에 안정적이어서 가공해도 그 성분이 많이 변하지 않는다. 곡물은 각기 다른 성질을 나타내는데 쌀과 콩은 성질이 온순해 남녀노소 누구에게나 잘 맞고 꾸준히 먹어도 좋다.

보리 │ 식이섬유가 풍부하고 100그램당 326킬로칼로리로 쌀보다 칼로리가 낮다. 당뇨, 고혈압 등 성인병에 좋으며 설사, 변비 등 장에 탈이 났을 때 보리차를 마시면 속이 편안해진다. 섬유질과 씨젖 내부에 비타민류가 많이 들어 있어 가공해도 영양 손실이 적다. 글루텐 성분인 찰기가 없어 보리에 우유를 넣고 죽을 끓이면 부드러워지고 영양적으로 좋다. 보리는 고추장, 맥주, 엿기름 등으로 가공해 섭취하기도 한다. 통보리는 껍질이 단단하게 붙어 있어 깨끗이 씻은 뒤 삶아 사용하는데 씻을 때 물을 넉넉히 넣고 여러 번 헹궈야 쌀겨 냄새가 나지 않는다. 요즘은 납작보리라는 압맥이나 할맥 등도 나온다. 이런 종류는 삶지 않고 쌀과 같이 불려 밥을 지으면 된다. 보리는 성질이 차서 여름에 먹으면 좋다.

팥 │ 예로부터 팥의 붉은색은 나쁜 기운을 물리친다고 하여 이삿날이나 특별한 날은 팥죽을 쑤거나 팥 시루떡을 쪄서 나누어 먹곤 했다. 팥에는 쌀밥 섭취만으로는 부족하기 쉬운 비타민 B_1이 많이 들어 있다. 100그램당 0.56밀리그램으로 곡류 중 가장 많이 들어 있고 당분은 56.6퍼센트, 단백질은 21.4퍼센트, 섬유질은 3.7퍼센트이며 특수성분으로 사포닌이 많이 함유되어 있다. 이뇨 작용, 해독 작용이 뛰어나 신장, 고혈압, 당뇨 등의 식이요법에 좋고 체내에 불필요한 지방이나 균을 배출시켜 피로 회복, 숙취해소를 도와준다. 껍질에 사포닌이 풍부하므로 껍질 째 삶아 그 물도 섭취하는 게 좋다.

건강에 좋은 잡곡 더 맛있게 먹기

죽으로

가장 일반적인 곡식 조리법으로 팥죽, 콩죽, 녹두죽, 깨죽, 옥수수죽 등 다양하다. 봄에 쑥을 넣고 끓이는 쑥콩죽, 삼계탕 국물에 녹두를 넣고 끓이는 삼계 녹두죽, 보리에 우유를 넣고 담백하게 끓이는 보리 타락죽, 우엉을 넣고 건강식으로 끓이는 우엉 율무죽 등 기본 죽에 한두 가지 재료를 섞어 끓이면 영양이 더욱 풍부해진다.

강정으로

곡식을 볶거나 튀긴 뒤 시럽에 버무려 만든 것을 강정이라고 한다. 쌀강정은 바싹 말린 밥을 높은 온도에서 빨리 튀겨 만드는데 파래로 파란색, 유자로 노란색을 내어 삼색 쌀강정을 만들어도 색다르다. 깨강정은 깨를 씻어 볶아 시럽에 버무린 것으로 들깨, 흑임자, 참깨 모두 이용할 수 있다. 콩강정은 검정콩을 뻥튀기로 튀겨 시럽에 버무린 것이고 잣을 따뜻하게 볶다가 시럽을 넣고 버무린 잣강정이나 현미를 뻥튀기로 튀겨 호박씨, 해바라기씨 등을 섞어 시럽에 버무린 현미강정도 영양 간식으로 좋다.

샐러드로

샐러드는 주로 채소와 과일을 이용해 만드는데 이때 여러 가지 잡곡을 삶아 부드럽게 만든 다음 함께 버무리면 맛도 좋아지고 부족한 영양도 채울 수 있다. 주로 콩, 율무, 흑미, 옥수수 등을 이용하는데 곡물과 어울리는 드레싱을 뿌리면 더욱 맛있다.

곡물과 어울리는 샐러드 드레싱

올리브오일 드레싱	올리브오일 3큰술, 발사믹식초 1큰술, 간장 1큰술, 소금·후춧가루 약간씩
양파 드레싱	양파 100g, 배 100g, 우유 3큰술, 꿀 1큰술, 씨겨자 1큰술, 레몬즙 2큰술, 소금 1작은술
들깨 드레싱	들깨 3큰술, 간장 1큰술, 포도씨오일 2큰술, 식초 2큰술, 맛술 1큰술, 매실청 1큰술, 소금 약간
유자 드레싱	유자차 건더기 2큰술, 식초 2큰술, 소금 약간, 다진 양파 1큰술, 포도씨오일 1큰술
사과 드레싱	사과 150g, 플레인 요구르트 3큰술, 포도씨오일 2큰술, 매실청 1큰술, 레몬즙 2큰술, 소금 1/2작은술, 마요네즈 2큰술

※ 모든 재료를 섞거나 재료의 덩어리가 큰 경우 믹서에 넣고 갈아 드레싱을 만든다.

영양만점 잡곡밥 짓기

다양한 곡식을 섞어 맛있게 밥을 지으면 흰쌀밥만으로는 부족한 영양소를 골고루 섭취할 수 있다. 기본적으로 밥물은 쌀의 1.2배가 적당한데 잡곡의 성질을 알면 잡곡밥을 맛있게 지을 수 있다. 뜸들일 때 밥의 아래위를 골고루 섞으면 열전도가 빨라져 밥이 맛있게 된다.

※ 모두 4인분 기준

기본 밥 짓기

재료 쌀 3컵, 물 $3\frac{1}{3}$컵

1 쌀을 씻을 때 첫 물은 가볍게 헹궈 버린다.
2 두 번째 씻을 때에는 물을 약간 넣은 뒤 손가락으로 돌리고 손바닥으로 누르며 가볍게 비벼 씻는다.
3 깨끗한 물을 받아가며 네 번 정도 헹군다.
4 물에 30분 불린다.
5 체에 밭쳐 물기를 뺀다.
6 생쌀의 1.2배 물을 넣고 밥을 짓는다.

※ 쌀이 오래되거나 맛이 없을 땐 다시마 5×5cm, 청주 1큰술을 넣으면 감칠맛 나게 밥을 지을 수 있다.

풋콩밥

재료 쌀 3컵, 풋콩 1컵, 물 3컵, 다시마 5×5cm

1 쌀은 씻은 후 30분 불린 다음 체에 건진다.
2 콩깍지를 벗기고 비벼 씻어 속껍질을 벗긴다. 콩 껍질은 미리 까면 수분이 날아가므로 밥 짓기 바로 전에 까는 게 좋다.
3 쌀을 넣고 콩을 올린 뒤 다시마를 올려 놓고 밥물을 넣는다.
4 밥이 다 되면 잘 섞어 10분간 불을 끄고 뜸을 들인다.

※ 풋콩을 넉넉히 넣고 밥을 할 때 다시마 한 쪽을 넣으면 밥맛도 좋아지고 다시마의 미네랄이 콩의 소화 흡수를 도와준다.

현미밥

재료 현미 3컵, 물 $3\frac{2}{3}$컵

1 쌀을 하루 전에 불린다. 여름엔 냉장고에 넣어 둔다.
2 생쌀의 1.2배 정도 물을 넣고 압력솥에 밥을 한다.
3 압력솥이 없을 때는 생쌀의 1.5배 정도 물을 잡아 밥을 하고 약한 불로 오래 뜸을 들인다.

마른 서리태콩밥

재료 쌀 3컵, 서리태 1/2컵, 물 $3\frac{1}{2}$컵

1 쌀을 씻어 30분 불린 뒤 체에 건진다.
2 서리태는 깨끗이 씻어 서너 시간 불린다.
3 밥솥에 쌀을 넣고 불린 콩을 올린 뒤 밥물을 넣는다.
4 콩밥을 지을 때 뚜껑을 열면 콩 비린내가 나므로 완전히 뜸들 때까지 열지 않는다.

팥밥

재료 쌀 3컵, 팥 1/2컵, 팥 삶은 물 2컵, 물 2컵

1 팥을 씻어 찬물에 넣고 가열하여 끓으면 물을 따라 버리고 물 4컵을 다시 넣고 30분 정도 삶는다.
2 쌀을 씻어 30분 불린 뒤 체에 건져 물기를 뺀다.
3 쌀과 삶은 팥을 밥솥에 넣고 팥 삶은 물 2컵과 물 2컵을 섞어 넣고 밥을 한다.

맛있는 잡곡밥 황금비율 알기

잡곡밥도 한 가지만 먹는 것보다 다양한 곡식을 골고루 섞어 먹는 게 좋다.
각 곡식의 특징을 알고 가장 맛있다는 황금비율에 맞추어 밥을 지어 보자.

흑미 찰밥

멥쌀 : 찹쌀 : 흑미 = 1 : 1/5 : 1/5

1 흑미는 씻어 3~4시간 충분히 불린 뒤 체에 건져 물기를 뺀다.
2 멥쌀과 찹쌀은 씻어 30분 불린 뒤 체에 건져 물기를 뺀다.
3 물 1.2배를 넣고 밥을 짓는다.

요리 노하우 | 흑미는 껍질이 남아 있는 현미 상태의 쌀이기 때문에 충분히 불리는 게 좋고 색이 짙으므로 쌀과 따로 불리는 게 좋다. 흑미는 쌀의 1/5을 넘지 않는 게 맛도 좋고 보기도 좋다.

기장 보리밥

멥쌀 : 보리 : 기장 = 1 : 1/5 : 1/5

1 압맥이나 납작보리는 씻어 30분 불리고 통보리는 3배 이상 물을 넣고 삶아 둔다.
2 쌀을 씻어 30분 불린 뒤 체에 건진다.
3 기장쌀든 체에 밭쳐 가며 씻어 건진다.
4 쌀과 보리를 밥솥에 담고 기장을 위에 올린 뒤 밥물을 1.2개 넣고 밥을 짓는다.

요리 노하두 | 기장쌀은 알이 작아 씻을 때 버려지기 쉽고 모래나 티가 섞여 들기 쉬우므로 체에 밭쳐 씻으며 일어 주는 게 좋다. 통보리는 먼저 삶아 두어야 하며 삶은 통보리를 놓고 밥물을 잡을 때는 물을 조금 덜 넣는 게 좋다. 납작보리나 압맥은 쌀과 같은 방법으로 씻어 30분 불려 밥을 지으면 되므로 편하다.

찰수수밥

쌀 : 찰수수 = 1 : 1/2

1 찰수수는 문질러 여러 번 씻은 뒤 1시간 불려 체에 건진다.
2 쌀을 씻어 30분 불린 뒤 체에 건진다.
3 밥물은 1.2배를 맞춰 넣고 소금을 약간 넣어 밥을 짓는다.

요리 노하우 | 찰수수는 단단하고 거칠어 잘 문질러 씻은 후 여러 번 헹궈야 부드러워진다. 장이 약한 사람이 먹으면 좋다. 소금을 약간 넣으면 밥맛이 좋아진다.

완두콩밥

쌀 : 완두콩 = 1 : 1/3

1 쌀은 씻은 뒤 30분 불려 체에 건진다.
2 완두콩을 씻어 체에 건진다.
3 완두콩을 제외한 쌀 양에 맞춰 밥물을 잡고(1~2큰술 정도만 더 잡는다) 올리브오일을 한두 방울을 넣어 밥을 한다.
4 밥물이 자작해지면 완두콩을 넣고 섞은 뒤 중간 불로 밥을 짓다가 약한 불로 뜸들인다.

요리 노하우 | 완두콩을 처음부터 넣으면 너무 익어 버려 색이 예쁘지 않다. 올리브오일을 한두 방울 넣으면 윤기나는 완두콩밥이 된다. 완두콩이나 풋콩은 수분이 많으므로 물을 조금만 넣어야 한다. 쌀과 콩 섞은 양의 1.2배를 넣으면 밥이 질어진다.

알고 먹으면 더 맛있는 제철 채소

계절의 기운을 받은 제철 채소가 몸에 좋다는 것은 누구나 아는 상식. 요즘은 사시사철 원하는 채소를 구할 수 있지만 봄, 여름, 가을, 겨울 사계절에 맞는 제철 채소를 고르면 맛은 물론 영양도 풍부하다. 게다가 제철에는 값도 저렴한 편이니 물가가 높아 장보기가 무섭다면 저렴한 제철 채소를 활용해 보자.

봄

추운 겨울 동안 부족하기 쉬운 비타민을 봄나물로 섭취하면 겨우내 몸에 쌓인 노폐물을 배출하는 데 효과적이다. 봄나물은 약간 쌉쌀한 쓴맛이 나기도 하는데 식초를 더해 나물을 조리하면 입맛을 살려 주고 나른한 봄에 자극을 주어 생기 있게 해 준다. 봄에는 겨울보다 활동량이 많아져 피곤하기 쉬운데 상큼한 계절 채소 무침과 나물로 영양을 보충해 보자.

3월 미나리, 냉이, 씀바귀, 달래, 원추리나물, 돗나물, 쑥, 쪽파, 고사리
4월 양상추, 상추, 죽순, 아스파라거스, 피망, 머위, 부추, 보리
5월 더덕, 양배추, 양파, 마늘, 애호박, 도라지, 완두콩, 상추

여름

날씨가 더워지면서 체온이 오르고 갈증을 느끼게 된다. 수분이 많고 열을 내려 주는 채소들로 더위를 이기고 에너지를 보충하는 것이 좋다.

6월 셀러리, 오이, 피망, 매실, 풋콩, 감자, 부추, 토마토, 단호박, 열무
7월 가지, 노각, 풋고추, 오이
8월 옥수수, 감자, 수박, 복숭아, 포도, 홍고추

가을

곡식들이 여물고 단단해져 맛이 들고 영양이 풍부해진다. 수분이 적어 겨울에도 저장해 두고 먹을 수 있는 채소들이 많이 나온다.

9월 토란, 느타리, 송이, 표고, 풋콩, 인삼, 단호박, 마
10월 쌀, 팥, 단무, 배추, 밤, 고구마, 사과, 배, 감
11월 당근, 늙은 호박, 파, 우엉, 땅콩, 파, 호박고구마, 무, 은행

겨울

추워지면서 활동량이 줄어 운동 부족이 되기 쉽고 신진대사가 원활하지 못해 고혈압, 중풍, 감기 등 질병에 걸리기 쉽다. 수분은 적지만 땅의 기운을 담은 채소들로 건강을 유지하면 좋다.

12월 연근, 시금치, 산마, 쑥갓
1월 우엉, 브로콜리, 콜리플라워, 호두, 레몬, 귤, 파
2월 봄동, 달래, 고비, 참나물, 알타리, 말린 무청, 순무, 취

한눈에 보는 채소 영양 정보

식품	영양군·성질	영양 정보
가지	보라 색소 성분인 안토시안	간 건강과 콜레스테롤 조절, 혈액 정화
감자	비타민C	감기 예방, 염분 배출
검은깨	식물성 지방	피부 건조, 두뇌 활동, 동맥경화
견과류	성질이 따뜻한 식물성 지방	피부 건강, 노화 방지
고구마	풍부한 식이섬유	장 청소, 나트륨 배출
고추	비타민C	피부 미용, 피로 해소
깻잎	철분	빈혈 예방, 성질이 차가워 견과류와 함께
단호박	베타카로틴, 식이섬유	폐암에 효과적, 이뇨 작용, 당뇨병
당근	베타카로틴	독소 배출, 시력 증강, 감기 예방
더덕	사포닌	기침 가래 해소, 허약체질 개선
두부	콩 단백질, 콩 사포닌	고혈압, 골다공증, 항암 작용
메밀	단백질, 칼슘	고혈압, 뇌출혈
무	풍부한 수분과 비타민	감기 예방, 니코틴 해독
밤	비타민C	감기 예방, 배탈, 위가 약한 사람
부추	따뜻한 성질	노폐물 배출, 혈액 정화, 신장 기능 강화, 위가 약한 사람은 삼가기
브로콜리	비타민C, 엽산	노화 방지, 혈액 순환, 해독 작용, 변비
새싹채소	비타민과 미네랄	성장한 채소보다 비타민과 미네랄이 상대적으로 풍부
셀러리	풍부한 수분과 섬유질	변비, 동맥경화 예방
시금치	철분, 엽산	면역력 강화, 치매 예방
오이	차가운 성질, 수분	소염 작용과 독소 배출
양배추	온화한 성질, 섬유질	위궤양, 불안증
연근	끈적이는 성분(뮤신), 식이섬유	니코틴 해독, 위 건강, 변비 해소
우엉	철분	빈혈 예방, 혈액 순환, 소염 작용
죽순	식물성 단백질, 나트륨	성인병과 고혈압, 염분 배출
콩	단백질	허약 체질 개선, 노화 방지, 면역력 증강
토마토	붉은 색소 성분인 리코펜	항암 효과, 스트레스 조절
파프리카	비타민C·E	심장질환, 동맥경화, 감기, 노화 방지

까다롭게 고르고 싱싱하게 보관하기

채소의 생명은 싱싱함이다. 채소를 구입할 때 요령을 알면 영양가 좋은 맛있는 채소를 고를 수 있다. 채소는 수확 후에도 호흡을 하며 비타민이 분해되므로 보관 방법을 잘 알아야 신선도를 오래 유지할 수 있다.

감자 | 싹이 나지 않았고 껍질이 얇으며 쭈글쭈글하지 않고 만졌을 때 단단하고 모양이 균형 있는 게 좋다. 감자칼로 얇게 껍질을 벗겨 원하는 크기로 잘라 찬물에 헹궈 전분을 제거한 뒤 요리한다. 미리 깎아 놓으면 갈변하기 때문에 물에 담가 둔다. 감자를 보관할 때는 냉장고에 넣지 말고 종이나 나무 상자에 담아 바람이 통하는 그늘에 둔다. 싹에는 솔라닌이라는 독이 있어 식중독을 일으킬 수 있으니 꼭 제거하고 조리한다.

양파 | 단단하면서 잘 마르고 껍질에 윤기 있는 것이 좋다. 한 개가 상하면 나머지 양파도 쉽게 상하므로 상한 것은 껍질을 벗기고 상한 부분을 잘라낸 다음 비닐봉투에 담아 냉장 보관한다. 상하지 않은 양파는 신문지로 싸서 종이 상자에 담은 뒤 시원한 그늘에 보관하면 오래 두고 먹을 수 있다.

가지 | 광택이 나고 색이 선명하며 씨가 적고 단단한 것이 좋다. 가지는 랩으로 싸서 냉장고에 보관하며 가지 꼭지 부분에 영양이 많으므로 꼭지를 간 뒤 끝 부분만 자른다. 껍질에 안토시안 색소가 있어 껍질째 조리하는 게 좋다. 가지의 뭉클거림이 싫을 땐 소금물에 절였다가 꼭 짜서 물기를 제거한 뒤 볶으면 식감이 살아난다.

파 | 너무 굵고 뻣뻣하지 않으며 흰 부분과 파란 부분이 선명하고 잎과 뿌리가 싱싱한 것으로 고른다. 뿌리째 신문지에 싸서 냉장 보관하는데 식구가 없어 파 한 단이 너무 많으면 먹기 좋게 잘라 냉동 보관한다. 파는 뿌리째 보관해야 오랫동안 싱싱하며 국물을 낼 때 파뿌리를 넣으면 잡냄새를 없앨 수 있다.

마늘 | 마늘통이 단단하고 쪽이 많이 나뉘지 않은 게 좋다. 음식할 때마다 손질하려면 번거로워 대개 미리 다져 두지만 먹기 전에 까서 다져야 향이 살고 더 맛있다. 다진 마늘은 전분이 많아 색과 맛이 쉽게 변하므로 냉장하지 말고 납작하게 펼쳐 냉동 보관했다가 필요한 만큼 떼어서 쓴다.

토마토 단단하고 꼭지의 초록색이 살아 있으며, 수분이 많고 모양이 반듯한 게 좋다. 실온에 보관했다가 먹을 만큼만 냉장고에 넣어 시원하게 해서 먹는다. 껍질은 소화가 잘 안 되므로 주스로 먹을 땐 꼭지에 십자로 칼집을 낸 뒤 끓는 물에 살짝 데쳐 벗겨내는 게 좋다. 올리브오일과 함께 먹으면 흡수가 잘 된다.

부추 길이가 짧고 통통하며 색이 선명하고 연한 게 좋다. 누런 잎과 끝부분은 자르고 뿌리 쪽의 지저분한 것을 떼어 다듬은 뒤 길이대로 모아 잡고 뿌리 쪽부터 씻는다. 줄기 부분을 씻을 때 너무 많이 비비면 무르고 풋내가 나므로 가볍게 살살 씻는다. 수분에 약해 쉽게 무르므로 먹기 전에 바로 씻는 게 좋고 보관할 때도 신문지에 싸서 냉장 보관한다.

상추 수분이 많고 힘이 있는 것이 좋은데 시든 것이 섞여 있나 살핀다. 잎이 떨어져 있는 상추보다 포기상추가 신선도가 오래간다. 신문지에 싸서 세워서 보관하고 쌈용으로 식탁에 낼 때도 접시에 눕혀 내는 것보다 낮은 컵 등에 세워 담으면 자리도 덜 차지하고 모양도 예쁘다.

당근 색이 선명하고 모양이 고르고 수분이 많은 흙당근이 좋다. 껍질을 깨끗이 씻어 껍질째 조리하는 게 좋으며 다른 재료와 함께 요리할 때는 다른 재료보다 적게 넣고 작게 썰어야 음식색이 조화롭다. 기름에 볶아 먹으면 소화흡수가 좋아진다.

호박 굵기나 모양이 고르고 껍질이 단단하며 끝이 둥근 게 좋다. 단호박은 묵직하고 초록색이 선명하며 아래쪽에 노란 색이 적은 게 좋다. 반으로 잘랐을 때 살이 두껍고 색이 노란 것이 달고 잘 익은 것이다. 씨를 빼고 랩으로 싼 뒤 냉장 보관한다.

양배추 되도록 통으로 구입해야 맛이 좋다. 심을 도려낸 뒤 종이타월을 물에 적셔 도려낸 부분에 놓고 랩으로 싸서 냉장 보관한다. 산소를 차단해야 비타민 손실을 막고 수분도 마르지 않는다.

미나리 | 색이 선명하고 잎과 뿌리가 싱싱하며 줄기가 억세지 않고 수분이 많은 게 좋다. 랩으로 싸서 냉장 보관한다. 뿌리와 잎 끝은 잘라낸다. 먹기 좋게 잘라 물에 담가 흔들어 씻는다. 조개나 해물 요리에 넣으면 알칼리 성분이 해산물을 중화시킨다.

배추 | 속이 노란 게 좋다. 껍질이 얇고 벌레가 먹지 않은 걸 고른다. 신문지에 싸서 냉장하면 오래 보관할 수 있다. 조리를 해도 영양 손실이 적다. 김장을 담가 두고두고 먹어도 좋다.

고추 | 꼭지가 싱싱하고 윤기 있는 것을 고른다. 색이 짙은 고추는 매운맛이 강하므로 너무 단단하고 억센 것은 피한다. 냄새만 맡아 보아도 매운맛이 강한지 알 수 있다. 고추를 채썰 때는 꼭지를 따고 반을 갈라 씨를 턴 뒤 안쪽으로 자른다. 겉면은 미끄러워 가늘게 썰기 어렵고 손을 다치기 쉽다. 꼭지 부분을 젖은 종이타월로 싼 뒤 랩으로 말아 보관하면 수분이 덜 마른다.

오이 | 굵은 건 씨가 많으므로 피하는 것이 좋다. 오이에는 농약이 남아 있기 쉬우니 소금으로 비빈 뒤 찬물에 헹구어 씻는다. 얇게 자를 때나 채칠 때 채칼을 이용하면 편하고 볶음처럼 물기가 없어야 하는 요리에 넣을 때는 씨 부분은 쓰지 않는다. 오이 김치나 피클처럼 오래 두고 먹을 땐 끓는 물에 살짝 데쳐 찬물에 헹군 뒤 조리하면 쉽게 무르지 않는다.

시금치 | 길이가 짧고 통통하며 색이 선명하고 뿌리 쪽이 빨간 게 좋다. 물을 살짝 뿌리고 신문지에 싸서 냉장 보관한다. 시금치를 데칠 때는 끓는 물에 빨리 데쳐야 처지지 않는다. 시금치가 시들기 전에 데친 뒤 찬물에 헹궈 물기를 빼고 냉동 보관해 두면 국 끓일 때 손쉽게 사용할 수 있는데 국에 넣을 때는 해동하지 말고 끓는 국물에 바로 넣는다.

무 | 굵기가 일정하고 잔뿌리가 적으며 모양이 반듯하고 상처가 없는 걸 고른다. 바람이 들지 않은 무는 꽉 차고 단단하다. 무처럼 껍질이 얇은 채소는 껍질에 비타민이 많으므로 깨끗이 씻어 껍질째 조리하는 게 좋다. 김장을 담글 때도 껍질째 담가야 무르지 않고 물도 적게 나온다. 무를 단으로 구입하면 무청이 달려 있는데 그대로 냉장 보관하면 무의 영양이 줄기로 가므로 줄기는 잘라 그늘에 말리고 몸통만 봉지에 담아 냉장 보관한다.

요리조리 맛있는 채소 조리법

채소를 요리할 때는 신경 쓰이는 부분이 많다. 너무 많이 볶으면 비타민이 파괴되지 않을까, 아삭거리는 맛이 덜하지 않을까……채소 조리법을 알아 두면 생으로 먹어야 좋은 채소와 익혀야 더 맛나고 영양도 좋은 채소를 자연스레 알게 된다. 재료 특성에 맞춰 조리하고 뿌리, 줄기, 열매, 잎 등을 한 끼 식사에 골고루 섭취하여 특정한 것에 치우치지 않도록 한다.

데치기

부피가 큰 채소들 – 양배추, 열무, 나물류의 녹황색 채소들은 데치면 부피가 줄어 들어 많이 먹을 수 있고 소화 흡수가 잘 되며 살균 효과도 있어 좋다. 시금치는 날로 먹으면 담석이 생길 수 있으나 데쳐 먹으면 괜찮다.

볶기

당근, 피망, 가지, 토마토 등 지용성 비타민이 들어 있는 채소들은 지방에 잘 녹고 볶아야 소화 흡수가 잘 되므로 참기름, 들기름, 올리브오일 등에 볶아 먹는다. 볶음 요리는 씹는 맛이 좋으며 조리시간이 빨라서 좋다. 냉장고에 여러 채소가 남아 빨리 먹어야 한다면 잡채나 볶음밥 등 볶음 요리를 만들어 보자.

찌기

재료의 모양과 맛을 가장 잘 살릴 수 있는 조리법이다. 밤, 고구마, 감자, 옥수수 등 단단한 식품은 물에 넣고 삶으면 영양이 많이 파괴되므로 찜통에서 찌는 게 좋다. 소금을 약간 넣고 껍질째 압력솥에 찌면 열 낭비도 적고 빠른 시간에 찔 수 있다.

튀기기

튀김은 고열로 단시간에 튀겨 영양소가 덜 파괴된다. 열량이 높아 활동량이 많은 사람에게 좋고 채소를 싫어하는 아이를 위한 조리법으로도 좋다. 고소해 맛은 좋지만 칼로리가 높아 다이어트에는 적합하지 않다. 감자처럼 단단한 재료는 낮은 온도에서 오래 튀겨야 하는데 이때 기름을 많이 흡수하므로 마지막에 센 불에 튀겨 기름을 빼고 건진다. 깻잎 등 바로 익는 부드러운 재료는 높은 온도에서 단시간에 튀기는 게 좋다. 단시일에 여러 번 튀긴 기름보다 한 번만 튀겼어도 오래된 기름이 산패가 심하다. 때문에 기름은 조금씩 자주 바꾸고 한 번 사용한 기름은 오래 두고 사용하지 말아야 한다.

끓이기

국을 좋아하는 우리나라 사람들이 자주 해먹는 조리법이다. 비타민C와 엽산이 많이 들어 있는 무, 애호박, 브로콜리, 시금치, 단호박, 양배추, 고추 등은 데치면 물속에 비타민이 녹는데 국물을 먹을 수 있게 조리하면 손실되는 영양소를 최소화할 수 있다. 영양은 많지만 억세서 잘 먹지 않는 채소 껍질이나 뿌리 등을 끓여 육수로 사용하면 영양가가 많아진다. 육개장처럼 여러 재료를 넣고 음식을 만들 때 은근히 오래 끓이면 재료의 맛이 조화 있게 어우러져 깊은 맛이 난다.

생으로 먹기

재료 고유의 맛을 느끼기에 가장 좋은 방법으로 영양소 파괴가 적다. 소화 흡수에는 조리해서 먹는 게 좋으나 수분을 그대로 섭취하려면 생으로 먹는 것이 좋다. 샐러드나 쌈으로 먹는 생채소는 부피가 커서 많이 먹는 것처럼 보이지만 조리해서 먹는 것보다 조금밖에 섭취하지 못한다. 생으로 먹을 때는 세척에 신경 써야 하는데 씻을 때 물에 식초를 넣으면 살균 효과가 있다.

영양가 쑥쑥! 식재료 궁합

맛과 영양면에서 짝이 맞는 음식이 있다. 열이 나게 하는 음식, 몸을 차게 하는 음식, 성질이 평이한 음식 등으로 나뉘는데 다양한 색의 음식을 골고루 먹고 찬 재료 더운 재료를 같이 먹어 중용을 만드는 게 좋은 식궁합이다. 효능이 같은 재료를 섞어 먹으면 효과가 상승된다.

차가운 성질의 채소

메밀, 무, 오이, 녹두, 가지, 연근, 깻잎, 보리, 토마토, 배추, 미나리, 죽순, 샐러리, 상추, 조, 우엉 등 여름에 나오는 채소들이 많다. 덥거나 열이 날 때, 스트레스를 받고 화가 날 때 먹으면 이로운데 몸이 찬 사람은 더운 재료와 함께 먹되 장복은 피하는 게 좋다. 반대로 열이 많은 사람에게는 찬 성질의 채소가 좋고 우유, 콩 등 단백질과 함께 먹으면 더욱 효과적이다. 찬 성질의 채소는 피를 맑게 해 주고 이뇨 작용을 도와주어 신장이나 간에 이로운 것이 많다.

더운 성질의 채소

부추, 파, 피망, 파프리카, 마늘, 고추, 도라지, 더덕, 호박, 인삼, 생강, 양파, 찹쌀, 마, 호두, 잣, 땅콩, 구기자, 오미자 등이 있다. 가을과 겨울에 덕으면 좋고 빈혈과 허약체질을 개선하며 혈액 순환을 좋게 해 준다. 세균의 작용을 억제하고 면역력을 키워 주는 채소들이 많다.

흔하고 몸에 좋은 채소

콩, 감자, 고구마, 팥, 깨, 시금치, 쌀, 양배추, 옥수수, 버섯 등이 있다.
자주 먹어도 좋고 누구나 어느 계절이나 먹게 되는 재료들이다.

상생하는 짝꿍 음식들

마늘 + 상추
마늘은 상추를 먹을 때
세균을 배출시키고
찬 성질을 보완해 준다.

배추 + 생강
생강은 김치에 꼭 들어가는데
배추의 찬 성질을 보완해 준다.

시금치 + 깨
깨가 담석을 예방해 준다.

피망 + 죽순
서로 보완해 영양을 높인다.

메밀 + 무
무가 메밀의 소화를 돕는다.

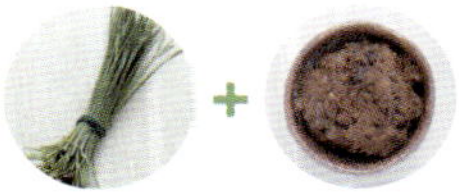

연근 + 생강
기침, 가래에 좋다.

부추 + 된장
단백질 흡수를 도와준다.

상추 + 고추
서로 보완해 준다.

양파 + 토마토
흡수를 좋게 한다.

오이 + 부추
찬 성질과 뜨거운 성질의
보완 작용이 있다.

셀러리 + 콩
고지혈증에 효과적이다.

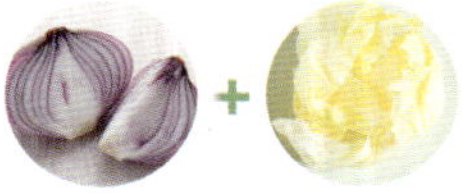

찹쌀 + 팥
보완 작용이 있다.

양파 + 양상추
흡수가 잘 된다.

셀러리 + 깨
불면증에 좋다.

알고 먹으면 더 좋은 짝꿍들

호박 + 팥
이뇨 작용

감자 + 토마토
면역력 강화

콩 + 연근
빈혈 예방

양배추 + 감자
위장 보호

셀러리 + 콩
고지혈증 예방

오이 + 옥수수
이뇨 작용 촉진

 **두유 + 사과**
동맥경화 예방

  **깻잎 + 배추**
피로 회복

 **감자 + 양파**
고혈압 예방

  **보리 + 상추**
열 허소

 **콩 + 깨**
원기 보충

  **양파 + 마늘**
면역력 강화

 **피망 + 당근**
피부 미용 효과

  **브로콜리 + 신선초**
성인병 예방, 노화방지

 **단호박 + 고구마**
변비 해소

  **토마토 + 양배추**
알코올 해독

 **셀러리 + 당근**
피로 해소

  **당근 + 고구마**
변비 해소

  **피망 + 셀러리**
고혈압, 동맥경화 예방

  **생강 + 대추**
감기 치료, 보온 효과

  **부추 + 호두**
원기 보충

어울리지 않는 음식들

  **부추 + 도라지**
열이 나게 해서 화가 오른다.

  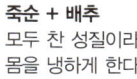 **죽순 + 배추**
모두 찬 성질이라
몸을 냉하게 한다.

  **더덕 + 꿀**
화가 오르게 한다.

  **녹두 + 인삼**
녹두가 인삼의 효능을 떨
어뜨린다.

  **오이 + 무 + 당근**
비타민을 파괴한다.

CHAPTER 02

내 몸을 맑게 해 주는
열매채소 요리

토마토, 브로콜리, 가지, 파프리카, 고추, 단호박, 오이 등 일상에서
우리가 흔하게 볼 수 있는 열매채소의 주성분은 비타민과 수분이다.
열량을 내는 성분은 아니지만 체내의 균형을 잡고 각종 질병을 예방·치료해 준다.
또한 지방과 탄수화물의 과다 섭취로 오는 각종 성인병을 예방해 준다.

가지 그라탱

가지는 간에 좋은 식품으로 피를 맑게 하고 콜레스테롤 수치를 낮춰 주는 등 성인병에 좋다. 껍질에 있는 안토시아닌 색소가 혈관의 노폐물을 빼 주어 몸을 건강하게 하고 피를 맑게 해 준다. 가지를 쪄서 조리하면 물컹거리는 식감이 느껴져 싫어하는 사람도 있는데 가지 그라탱은 탱탱한 가지의 식감이 살아있고 맛도 담백하다.

재료(4인분)

가지	2개
삶은 달걀	3개
양파	1/2개
다진 피클	2큰술
모차렐라치즈	100g
빵가루	2큰술
올리브오일	1큰술

소스 재료

마요네즈	2큰술
씨겨자	1큰술

1 가지는 반을 갈라 속을 파내 겉껍질과 파낸 속을 따로 준비한다.
파낸 가지 속을 사방 1센티미터로 자른다.
소금 1작은술을 넣고 10분 정도 절였다가 꼭 짠다.

2 달걀은 12분 삶아 껍질 벗기고 사방 1센티미터로 자른다.

3 양파는 굵게 다져 소금 1작은술을 뿌려 10분 정도 절였다가
물에 헹군 뒤 꼭 짠다.

4 가지 속, 달걀, 양파, 다진 피클에 소스를 넣고 섞는다.

5 가지 겉껍질에 올리브오일 1작은술, 소금, 후춧가루를 뿌리고 4를 담는다.

6 모차렐라치즈, 빵가루를 올리고 200도로 예열한 오븐에 10분 굽는다.

🥄 가지 조심스럽게 먹기

가지를 생으로 먹으면 맛이 떫고 위에 무리를 준다. 또 기침을 심하게 할 때 가지를 먹으면
기침이 더 심해질 수 있으니 피하는 게 좋으며 빈혈이 있거나 하혈이 있을 땐 조금만 먹는 게 좋다.

재료(2인분)

토마토	2개
관자	3개
양파	1개
꽈리고추	10개
포도씨오일(부침용)	적당량
소스 재료	
올리브오일	2큰술
간장	1큰술
식초	1큰술
매실청	1큰술
다진 마늘	1/2작은술
소금 · 후춧가루	약간씩

1 관자는 가장자리 막을 제거하고 0.3센티미터 두께로 얇게 썰어
   프라이팬에 포도씨오일을 넣고 지진다.
2 토마토는 0.7센티미터 두께로 썰어 씨를 빼고 물기를 제거한다.
3 양파는 채칼로 얇게 링 모양으로 썰어 얼음물에 헹군 뒤 물기를 제거한다.
4 꽈리고추는 가늘게 어슷 썰어 물에 헹궈 씨와 매운맛을 뺀 뒤 물기를 제거한다.
5 소스는 분량대로 섞는다.
6 접시에 토마토를 깔고 양파, 고추, 관자 순으로 올려 담고 소스를 뿌린다.

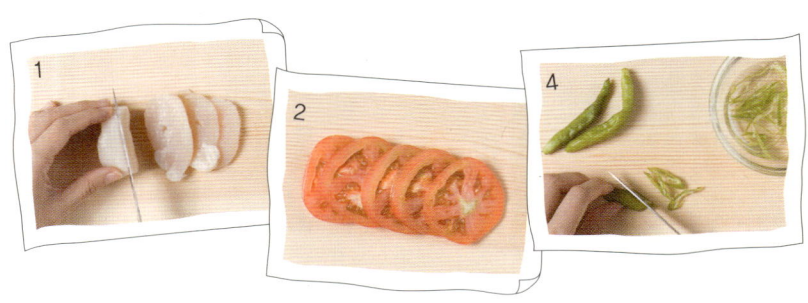

✑ **토마토 맛있게 활용하기**

토마토로 샐러드를 만들 때는 작고 단단하며 색이 전체적으로 붉은 것을 사용한다.
많이 익어 무른 토마토는 주스로 만들어 먹고 덜 익은 토마토는 실온에 보관해 익힌 뒤 먹어야 맛도, 영양도 좋다.
토마토가 너무 많이 남아 곤란할 때는 일단 완전히 숙성시킨 후 끓는 물에 데쳐 껍질을 벗긴 다음
냉동실에 보관했다가 소스나 주스로 활용한다.

토마토 가리비 샐러드

토마토는 대표적인 해독 식품으로 암을 예방하고 스트레스와 화를 식혀 주며 더위를 타고 기운이 없을 때 먹으면 좋다. 토마토와 올리브오일을 함께 먹으면 올리브오일이 토마토의 지용성 비타민 흡수를 도와준다. 또 아침에 먹으면 변비에 좋고 저녁에 먹으면 피로를 풀어 준다. 토마토는 한 개만 먹어도 포만감이 느껴져 다이어트하는 사람에게 좋다.

단호박 찹쌀 케이크

호박은 이뇨 작용을 도와 부기를 빼 주어 출산 후 임산부의 회복식으로 많이 이용한다.
당뇨 환자나 전립선이 안 좋은 사람에게도 추천할 만하다. 섬유질이 많아 변비에 좋고 호박의 씨까지
먹을 수 있으며 베타카로틴이 많아 활성산소인 발암물질로부터 몸을 보호한다.

재료(24cm 케이크틀 1개분)

단호박	1/2통
찹쌀가루	500g
우유	240mL
유기농 설탕	30g
소금	1/3작은술
베이킹파우더·베이킹소다	$1\frac{1}{2}$작은술씩
포도씨오일(코팅용)	적당량

1 단호박은 반으로 잘라 씨를 뺀 뒤 얇게 썬다.

2 찹쌀가루, 베이킹파우더, 베이킹소다, 소금을 체에 내린다.

3 케이크틀에 포도씨오일을 얇게 바른다.

4 2에 우유, 설탕을 넣고 섞어 틀에 담는다.

5 단호박을 올린다.

6 180도로 예열한 오븐에 50분 굽는다.

🍂 **손질하기 어려운 단호박**

단호박은 단단해서 자르기가 어려운데 처음부터 수박 자르듯이 반으로 가르려 하면 힘이 들고 다칠 수 있다.
칼끝으로 구멍을 낸 뒤 구멍에 칼을 넣고 자르는 것이 좋고 껍질을 벗길 때는 칼로 쳐내듯이 자른다.
케이크를 만들 때 호박씨나 견과류를 함께 넣고 구우면 맛도 고소하고 영양도 풍부해진다.
찹쌀가루는 마트에서 판매하는 제품보다는 떡집에서 빻은 수분이 있는 제품으로 구입하여
냉동 보관해 두고 쓰는 것이 좋다.

재료(2인분)

브로콜리	1송이
마늘 슬라이스	10개분
양파	1/2개
숙주	150g
우동	2인분
소금	약간
올리브오일	적당량
소스 재료	
간장	2큰술
맛술	2큰술
우스터소스	1큰술
굴소스	1큰술
매실청	1큰술
후춧가루	약간

1 끓는 물에 우동을 삶아 찬물에 헹군다.

2 브로콜리는 송이로 잘라 끓는 물에
  소금 1큰술, 올리브오일 1큰술을 넣고 살짝 삶아 건진다.

3 프라이팬에 올리브오일 3큰술을 넣고 마늘 슬라이스를 넣어
  약한 불로 노릇하게 익힌 후 종이타월에 건져 둔다.

4 남은 기름에 양파 채를 넣고 볶다가 숙주, 브로콜리를 넣고 살짝 볶는다.

5 4의 팬에 소스를 넣고 끓으면 우동을 넣고 볶다가 불을 끄고 채소를 섞는다.

6 접시에 담고 구워 둔 마늘을 올린다.

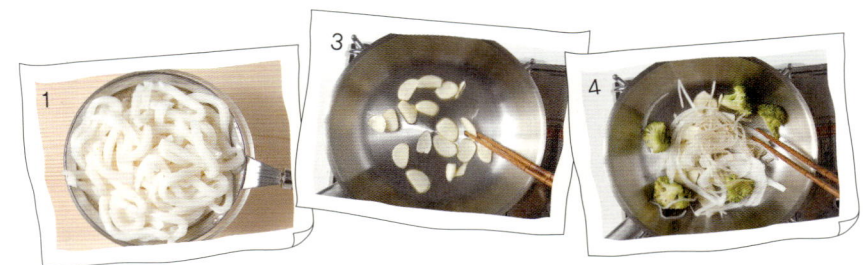

🖋 볶음요리를 맛있게 하려면

볶음을 맛있게 하려면 기름에 마늘이나 양파 같은 향채를 넣고 약한 불로 충분히 볶다가 주재료를 넣는다. 우동이 없을 땐 스가게티 면을 삶아 파스타를 만들어도 좋다. 브로콜리는 데친 뒤 찬물에 헹구면 수분이 많아져 맛이 떨어진다. 먼저 씻은 다음 끓는 물에 데쳐 물기를 빼서 사용한다.

🖋 홈메이드 굴소스 & 우스터소스 만들기

굴소스는 간장으로 대체해도 괜찮다. 단 굴소스에 단맛이 있기 때문에 간장 1큰술당 꿀을 1/2작은술 정도 섞어서 쓰면 된다. 이것은 간단한 방법이고 정말 굴소스처럼 아미노산 맛이 강하게 나도록 하려면 냄비에 간장과 조개 육수를 동량으로 넣고 여기에 다시마, 청주, 꿀을 추가로 넣은 뒤 반 정도로 졸아들 때까지 끓여 맛간장처럼 쓴다. 우스터소스는 서양의 간장이라 할 만큼 아주 기본 소스이다. 집에서 만들 때는 케첩에 쇠고기(혹은 닭) 육수와 식초, 간장, 소금을 넣고 시큼하고 짭짤한 맛이 나도록 끓이면 비슷한 맛을 낼 수 있다.

브로콜리 마늘 볶음우동

비타민C가 많은 브로콜리는 세포의 노화를 막고 혈액 순환을 도와주며 해독 작용을 해 흡연자나 애주가에게 아주 좋다. 또 임산부에게 꼭 필요한 엽산이 풍부하고 섬유질이 많아 변비도 예방해 주며 임신 우울증에도 도움을 준다. 브로콜리를 데칠 때 올리브오일을 넣으면 항산화 작용을 두 배로 늘려 영양이 풍부해진다.

견과류 조청조림

호두, 땅콩 등 견과류는 따뜻한 성질의 식물성 지방으로 피부를 윤기 있게 하고 노화를 예방하며 양기를 북돋아 준다. 양질의 단백질이 많고 열량이 높아 회복기 환자나 허약체질이 먹으면 도움이 된다. 칼로리가 높으므로 한번에 많이 먹는 것보다 밑반찬으로 만들어 매일 조금씩 먹는 게 좋다. 하루에 땅콩 열 알, 호두 세 알 정도면 충분하다.

재료(4인분)

생땅콩	200g
호두	70g
포도씨오일	2큰술
잣	2큰술
통깨	1큰술
조청	1큰술
조림장 재료	
간장	3큰술
물	5큰술
정종·맛술·조청	2큰술씩
소금	약간

1 땅콩, 호두가 잠길 만큼 물을 넣고 불에 올려 끓으면 물을 버린다.
2 찬물을 넣고 다시 한 번 끓여 건진다.
3 포도씨오일 2큰술을 넣고 볶다가 조림장을 넣은 뒤 뚜껑을 열고 약한 불로 조린다.
4 물기가 없어지면 물엿, 통깨, 잣을 넣고 불을 끈다.

✎ 식이조절에 도움을 주는 견과류

채소 위주로 식사를 할 때는 불포화지방산이 많이 들어 있는 견과류를 섭취하는 것이 좋다. 육식을 즐기는 편이라면 견과류가 콜레스테롤을 녹여 동맥경화를 막아 주니 도움이 된다. 미리 볶아서 실온에 두면 산패되어 소화가 잘 안 되고 간에 부담이 되므로 삶아서 밑반찬으로 조리하는 것도 하나의 방법이다.

파프리카 과일 깨즙무침

비타민C와 비타민E가 풍부한 파프리카는 심장질환, 동맥경화, 암 등을 예방해 준다. 스트레스가 많은 사람에게 도움을 주고 노화를 막아 주며 색도 예쁘고 다양해 음식을 먹음직스럽게 해 준다. 감기에 걸렸을 때나 임신했을 때 좋고 비타민이 부족한 겨울에 먹으면 효과적이다.

1 파프리카는 7센티미터 길이로 굵게 채를 썬 뒤
   올리브오일을 두르고 소금, 후춧가루를 약간 넣어 볶는다.

2 사과는 껍질째 채 썰고 무순은 씻어 물기를 제거한다.

3 오렌지는 속껍질까지 벗겨 과육만 발라 내고
   아보카도는 껍질을 벗기고 씨를 뺀 뒤 모양을 살려 납작하게 썬다.

4 소스 재료를 섞어 곱게 간다.

5 파프리카, 사과, 무순에 소스를 반만 넣어 무친다.

6 접시에 아보카도, 오렌지를 돌려 담고 남은 소스를 뿌린 뒤
   가운데에 5를 담아낸다.

재료(4인분)
파프리카 3가지색	1개씩
사과	1/2개
무순	1/2팩
오렌지	1개
아보카도	1/2개
올리브오일(볶음용)	적당량
소금 · 후춧가루	약간씩

소스 재료
통깨	4큰술
매실청 · 잣	2큰술씩
레몬즙	3큰술
플레인 요구르트	4큰술
소금	1/3작은술

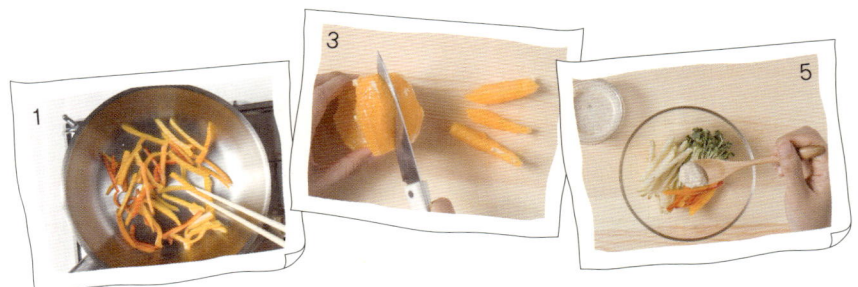

🥄 파프리카 조리하기
파프리카를 예쁘게 채 썰려면 세워서 반을 가르고 윗부분과 아랫 부분을 잘라 직사각형으로 만든 뒤 속을 빼내고 안쪽에서 채를 썰면 된다. 신선한 파프리카는 색이 선명하고 윤기가 흐른다. 꼭지 부분과 아래쪽에 농약이 남아 있기 쉬우므로 잘 씻어낸 뒤 요리한다.

죽순채 소면

죽순은 다른 채소에 비해 식물성 단백질이 풍부해서 성인병 환자나 고혈압 환자에게 좋다.
씹는 식감이 좋고 불면증이나 만성피로, 스트레스 해소에 효과가 뛰어나 현대인에게 좋은 재료이다.
국물을 좋아하는 우리나라 식습관상 소금을 많이 섭취하는 편인데 죽순은 나트륨을 배출해 주어
건강에 이롭다. 설사나 숙취 해소에도 도움이 된다.

재료(2인분)

죽순	200g
미나리	100g
팽이버섯	1팩
숙주	100g
홍고추	1개
소면	200g
잣가루	1큰술
포도씨오일	1큰술

소스 재료

간장	3큰술
물·매실청·식초·다진 쪽파	2큰술씩
깨소금	1큰술
겨자	1작은술
참기름	1큰술
다진 마늘	1/2큰술

1 삶은 죽순은 모양을 살려 납작하게 썬다.
   프라이팬에 포도씨오일 1큰술을 넣고 살짝 볶아 소금으로 간을 한다.

2 숙주는 머리와 꼬리를 제거하고 끓는 물에 살짝 데쳐 물기를 뺀다.

3 미나리는 끓는 물에 소금 1큰술을 넣고 살짝 데쳐 찬물에 헹군 뒤
   꼭 짜서 4센티미터 길이로 자른다.

4 팽이버섯은 끓는 물에 살짝 데쳐 찬물에 헹구고 4센티미터 길이로 자른다.
   홍고추는 반 갈라 씨를 빼고 가늘게 채 썰어 찬물에 담갔다가 물기를 제거한다.

5 소면은 끓는 물에 삶아 찬물에 헹궈 물기를 뺀다.

6 국수에 재료를 올리고 준비한 소스의 반을 뿌리고 남은 소스는 따로 담아 낸다.
   잣가루를 뿌린다.

🖎 죽순 손질하기

죽순은 성장이 왕성해 구입 후에도 변화가 빠르다. 따라서 싱싱할 때 손질해서 냉동 보관한다.
죽순은 5월이 제철이다. 죽순은 삶는 방법이 조금 까다로운데 손질을 잘해야 죽순의 아린 맛을 없앨 수 있다.
껍질 그대로 세로로 한 번 칼집을 내고 끓인 쌀뜨물에 마른 고추 두 개를 넣고 삶는다.
끓기 시작하면 약한 불로 1시간 정도 삶아 그 물에서 그대로 식힌다.

1 오이 1개는 돌려 깎아 씨를 뺀 뒤 채 썰고
   나머지 1개는 감자칼로 얇게 깎아 종이타월로 물기를 제거한다.

2 아보카도는 껍질을 벗겨 씨를 뺀 뒤 굵게 썰고
   크림치즈도 사방 0.7센티미터 두께로 길게 자른다.

3 고슬고슬하게 지은 밥에 식초 1큰술, 소금 1/2작은술을 넣고 섞는다.

4 김발에 랩을 깔고 밥을 편 다음 김을 올리고
   무순, 오이채, 단무지, 아보카도, 크림치즈를 넣고 만다.

5 김발에 감자칼로 자른 오이를 세로로 놓고 4의 롤을 한 번 더 만다.

6 먹기 좋게 썰어 접시에 담고 마요네즈, 날치알, 다진 쪽파를 올린다.

재료(2인분)

오이	2개
밥	2공기
식초	1큰술
소금	1/2작은술
크림치즈	50g
무순	1팩
단무지	2줄
아보카도	1/2개
김	2장
날치알	3큰술
마요네즈	2큰술
다진 쪽파	1큰술

✎ **오이 용도에 맞게 고르기**

김치나 나물 등에는 조선오이가 좋고 중국요리나 롤 등 선명한 색을 나타낼 때는 취청오이가 좋다.
김치나 오이지를 무르지 않게 하려면 끓는 물에 살짝 데쳐 찬물에 헹군 뒤 조리한다.

오이롤

오이는 여름철의 열을 식혀 주는 찬 성질의 식품이다. 소염 작용이 있어 아토피에 좋고 열이 날 때나
더위로 피부가 달아올랐을 때도 갈아서 붙이면 효과가 있다. 수분이 많고 칼로리가 낮아 다이어트식
으로도 그만이며, 혈액을 맑게 하고 독소를 배출해 주어 신장에 특히 이롭다.

된장소스 채소찜

채소요리는 찬 성질의 채소와 더운 성질의 채소를 함께 먹는 것이 우리 몸에 잘 맞는다. 다양한 색깔의 채
소를 골고루 먹으면 눈도 즐겁고 건강에도 좋다. 식품의 색깔은 우리 몸과 연결되어 있는데 붉은색은 심장,
검은색은 신장, 흰색은 위, 노란색은 폐, 초록색은 대장에 좋다.

재료(2인분)

가지	1개
꽈리고추	10개
느타리버섯	50g
청경채	50g
청·홍고추	1개씩
참기름·소금	약간씩
채 썬 홍고추(장식용)	적당량

소스 재료

된장	4큰술
다진 양파·멸치 육수	3큰술씩
다진 파·매실청	2큰술씩
다진 마늘·참기름	1큰술씩
고추장·깨소금	1큰술씩
생강즙	1/2작은술

1 가지는 4등분하고 꽈리고추는 포크로 찍어 구멍을 낸다.
  느타리버섯은 굵게 찢는다. 청경채는 밑둥을 제거한다.

2 찜기에 김이 오르면 면보자기를 깔고
  가지, 고추, 버섯, 청경채를 놓고 7분 정도 찐다.

3 소스 재료를 섞어 3분 정도 끓여 둔다.

4 접시에 쪈 채소를 담고 참기름, 소금을 약간 더한 뒤
  소스를 뿌리고 채 썬 홍고추로 장식한다.

✒ 채소 요리는 푸짐하게

음식을 담아 낼 때 한 가지 재료만 담으면 빈약해 보여 먹음직스럽지 않다.
구이에 채소를 곁들이든지, 조리 방법이 같은 채소를 모아 담으면 영양도 좋고 요리를 푸짐하게 만들 수 있다.
된장 소스는 쌈장으로도 좋고 나물 양념으로도 좋으니 넉넉히 만들어 두자.

꽈리고추 새송이 꼬치구이

고추는 비타민C가 많이 들어 있어 피부 미용과 피로 회복에 좋다. 씨까지 함께 먹으면 더 좋은데,
꽈리고추를 살짝 데치면 매운맛도 빠지고 부드러워져 씨까지 먹을 수 있다. 고추의 매운맛인 캡사이신
성분은 지방을 분해해서 비만 예방은 물론 면역력을 키우고 감기를 예방한다.

재료(2인분)

새송이버섯	2개
꽈리고추	10개
떡볶이떡	10개
참기름·다진 마늘	1/2큰술씩

양념 재료

고추장	2큰술
간장	1큰술
물	3큰술
매실청	2큰술
케첩	1큰술

1 새송이버섯은 1×6센티미터 크기로 자른다.

2 꽈리고추는 끓는 물에 살짝 데친다.

3 떡볶이떡은 반으로 갈라 끓는 물에 살짝 데친 뒤
   참기름 1/2큰술을 넣고 버무린다.

4 꼬치에 떡, 고추 새송이버섯, 떡, 고추, 새송이버섯 순으로 꽂는다.

5 올리브오일을 두르고 다진 마늘 1/2큰술을 넣어 향을 낸 뒤
   4를 넣고 앞뒤로 지진다.

6 양념을 바글바글 끓인 다음 5를 넣고 살짝 조린다.

🏷 **음식 종류에 따라서 달리 쓰는 고추**

음식에 따라 고추의 선택을 달리하는 것이 좋다.
샐러드에는 아삭이고추, 찌개에는 청양고추, 음식의 붉은색을 살릴 때는 홍고추, 일반적으로는 청고추를 쓴다.
장아찌를 담을 때는 늦여름에 수확한 살이 두꺼운 고추를 쓴다.

진정한 로하스 라이프를 생각하다

Lohas People
예장생협 이사장 김재일 목사

2000년대에 들어서면서 특히 유행하는 시대의 아이콘의 하나가 웰빙(wellbeing) 혹은 '참살이'와 녹색이다. 그것이 바람직한 일인지 아닌지 판단할 수는 없지만 현재 거대하고 영향력 있는 시민운동 단체 중 하나가 환경 운동을 하는 단체임은 분명하다. 상선약수(上善若水)라고 물이 흐르는 대로 사는 것이 가장 좋은 것이라고 했는데, 흐르는 물을 반자연적인 방식으로 역류시키겠다는 소위 '한반도 대운하' 프로젝트마저도 물길 잇기니 4대강 정비니 운운하며 녹색과 생태로 포장하는 것이 오늘을 사는 우리의 현실이다.

국가나 시민사회의 영역에서만 그런 것은 아니어서 개인의 삶과 가정에도 이러한 현상은 그대로 나타나고 있다. 아토피가 유행하면서 유기농과 친환경이라는 이름이 붙은 상품이 봇물처럼 쏟아져 나오고 전문점들도 우후죽순처럼 등장하고 있다. 거기에 맞추어서 보수와 진보를 떠나 대다수 매체의 가장 유력하고 인기 있고 지속적인 테마가 바로 '녹색'이다. 그리고 그 기세는 꺾일 줄 모르며 모르긴 몰라도 날이 갈수록 더해질 것으로 보인다

그렇게 몇 년 동안 많은 관심과 인기를 끌었고, 상업화에까지 성공한 이 웰빙과 녹색 열풍 속에서 과연 우리의 삶은 웰빙이 되었고, 웰빙으로 가고 있는가? 아니다. 왜 그럴까? 그것은 우리가 본질에서 너무나 어긋나 있기 때문이다. 즉 본원적인 것은 놓아두고 미시적인 것에만 집중해서 상업적으로 부각시키고 대중들은 너무나 쉽게 그것을 따라가기 때문이다.

나는 병을 치유하는 것은 약이나 수술이 아니라 올바른 식생활과 운동이라고 주장하면서 약과 수술 없이 환자를 치유하는 조엘 펄먼 박사의 책들을 번역했고 그 과정에서 많은 것을 배웠다. 그뿐만 아니라 예장생활협동조합 이사장으로써 그리고 지금은 한반도의 긴장이 가장 고조되어 있는 연평도에서 목회를 하면서 깨달은 바를 지금부터 먹을거리와 건강이라는 관점에서 간단하게나마 살펴보고자 한다.

지중해식 식사는 과연 건강식인가

여러 매체에서 지중해식 식사를 건강식의 상징으로 소개하니 올리브오일 열풍이 불었다. 트랜스지방이 나쁘다고 하니 올리브오일로 튀긴 통닭이 웰빙 통닭으로 불티나게 팔리고 있다. 과연 이게 올바른 일일까?

조엘 펄먼 박사의 조사와 연구에 따르면 전혀 그렇지 않다. 지금 지중해식 식사를 하는 지중해 연안 사람들은 미국 사람들과 거의 비슷하게 비만과 심혈관계 질환과 암에 시달리고 있다. 그럼 무엇이 문제일까? 원래 지중해식 식사의 연구대상이었던 40여 년 전의 크레타 섬 사람들의 식사는 올리브오일과 포도주가 초점이 아니었다. 당시의 지중해식 식사는 거친 통밀 빵과 신선한 과일과 채소가 주식이었다. 더군다나 육류를 많이 섭취할 수 없는 환경이었기에 생선을 많이 먹었지만, 당시의 바다는 그렇게 오염되어 있지 않았다.

무엇보다도 그들은 트랙터 없이 농사를 짓는 농부들이었기 때문에 하루에 평균 9마일(약 15킬

김재일 목사는? 서강대학교 물리학과를 졸업하고 서울 민주통일민중운동연합에서 활동하였으며 장로회신학대학교를 졸업했다. 생협이 그리 활성화되기 전 예장생활협동조합을 만들어 생협활동을 이끌었으며 현재는 연평도의 연평교회에서 시무 중이다. 역서로 『아이를 변화시키는 두뇌음식』, 『내 몸 내가 고치는 식생활 혁명』, 『내 몸 내가 고치는 기적의 밥상』, 『돈 한푼없이 부자로 사는 법』, 일본 생협의 아버지인 가가와 도요히코 전기 『사선을 넘는 믿음으로』, 아미쉬들의 용서를 다룬 책 『아미시 그레이스』 등 다수가 있다.

로미터, 2만보) 이상을 걸었다. 물론 올리브오일을 섭취하기는 했지만 착유 기술이 발달하지 않아 비쌌기 때문에 생각처럼 그렇게 많이 먹지 못했고, 그 대신 발사믹식초나 과일식초를 넣은 드레싱을 많이 먹었다. 그리고 그들은 무엇보다도 낙천적인 성격으로 이웃과 사이좋게 지냈다.

그런데 상업적인 매스컴과 쉽게 건강을 사려고 하는 사람들은 이러한 것을 다 무시하고 자기들이 보고 싶은 것만, 그리고 쉽게 따라 할 수 있는 것만 대대적으로 선전했다. 말이 나온 김에 기름과 관련해 더 언급하자면 모든 기름은 그것이 동물성이든 식물성이든 100퍼센트 고칼로리 지방으로 되어 있다. 더군다나 트랜스지방이 아닌 식물성 기름이라 할지라도 일단 열을 가하면 산화되어 일종의 트랜스지방이 된다. 따라서 기름에 열을 가하여 튀긴 음식, 더군다나 동물성 식품은 아무리 좋은 엑스트라버진급 올리브오일을 사용하고 몸에 좋다는 아마씨 기름을 사용한다고 할지라도 결코 몸에 좋지 않다.

녹색 채소와 과일이 중심이 되는 식사

우유 또한 골다공증에 좋다고 선전되고 널리 알려져 있지만 그것은 현실과 정반대이다. 오히려 우유와 치즈 등 유제품 섭취 비율이 높은 나라일수록 골다공증 비율이 높다. 그 이유를 간단하게 말한다면 채소에서 얻는 칼슘의 인체 흡수율은 매우 높은 반면 유제품이나 동물성 식품에서 얻는 칼슘의 흡수율은 상대적으로 낮기 때문이다. 게다가 동물성 식품을 섭취해 산성화된 몸을 중성으로 만들려면 뼈 속에 있는 칼슘을 비롯한 미네랄이 오히려 빠져 나온다.

조엘 펄먼 박사는 우리의 주식은 곡물과 육류가 아니라 녹색 채소와 과일이 중심이 되고 거기에 곡물(씨앗)과 견과류가 더해지며 생선과 동물성 식품, 그리고 소금은 아주 제한적으로 사용해야 한다고 주장한다. 목사로서 나는 여기에 전적으로 동의한다. 성서에 따르면 인류가 육식을 시작한 것은 노아의 방주 이후이며 노아의 방주 이후로는 인류의 수명이 급속히 줄어들었다. 인류사에서도 인류가 곡물을 먹기 시작하고 육식을 하기 시작한 것은 불과 무기를 발견하고 개발한 이후부터이다. 그전의 인류는 유인원과 마찬가지로 채소와 과일을 주식으로 삼았다. 에덴동산의 먹을거리는 씨 맺는 채소와 과일뿐이었다.

나는 모든 인류가 구원받기를(하나님의 뜻대로 살기를) 원하며 하나님의 복음을 전하는 목사이다. 목사로서 나는 하나님이 인간에게 꼭 필요한 것은 많이 주셨고 그렇지 않은 것은 적게 주셨다고 확신한다. 공기와 물이 그렇듯이 세상에 흔하고 많은 것은 많이 먹는 것이 좋지만 귀하고 적게 있는 것은 꼭 필요한 사람만 그것도 조금 먹는 것이 좋고 가능하면 불을 비롯한 인공적인 과정을 적게 거쳐서 먹는 것이 가장 좋은 섭생법이라고 확신한다.

CHAPTER 03

내 몸에 윤활유가 되는
줄기채소 요리

채소 가운데 우리가 가장 즐겨 먹는 줄기채소는
배추, 부추, 파, 토란대, 미나리, 쑥갓, 셀러리, 열무, 달래 등으로 각종 요리어 활용도가 높다.
줄기나 잎 채소에는 섬유질과 식이섬유가 풍부해서 몸속의 노폐물을 빼 준다.
변비로 말미암은 대장암을 예방하고 해독 작용이 좋아 간이나 신장 등에 부담을 덜어 준다.
제철재료를 이용하면 값싸면서도 영양이 풍부한 재료를 구할 수 있다.
하지만 농약에 노출되기 쉬우므로 되도록 유기농 채소를 구입하거나 세척에 신경을 써야 한다.

달래 오이 무침

달래는 뿌리부터 줄기까지 모두 먹는 흔하지 않은 채소이다. 달래전, 달래 된장찌개,
달래 양념간장 등 다양하게 조리하면 재료가 남아 버리는 일 없이 알뜰하게 먹을 수 있다.

재료(4인분)

달래	150g
오이	1/2개
밤	2개
홍고추	1개
양념 재료	
간장	1큰술
고춧가루	1작은술
깨소금	1/2큰술
매실청	1큰술
참기름	1/2큰술

1 달래는 씻어 건져 4센티미터 길이로 자른다.
2 오이는 반으로 갈라 어슷 썬다.
3 밤은 얇게 썰고 홍고추는 반으로 갈라 채친다.
4 양념을 모두 섞어 두었다가 먹기 전에 무친다.

🌿 **달래 맛나게 손질하기**

달래를 무칠 때 많이 주무르면 풋내가 생기므로 양념과 채소를 넣고 젓가락으로 살살 버무린다.
달래를 손질할 때는 알뿌리의 껍질을 한 꺼풀 벗기고 넉넉한 물에 흔들면서 살살 씻는다.
많이 씻으면 풋내가 나므로 잘 씻은 뒤 식초물에 한 번 헹군다.

부추 수제비

부추는 몸을 따뜻하게 하고 혈액순환을 도우며 신진대사를 원활히 해서 피를 맑게 해 준다.
신장, 비뇨기 계통에도 좋고 소화를 도와주어 곡물이나 고기와 함께 먹으면 효과적이다.
다만 위가 약한 사람은 많이 먹지 않도록 하며 알레르기가 있을 땐 삼간다.

재료(4인분)

밀가루	3컵
물	2 컵
소금	1큰술
국간장	1/2큰술
부추	100g
대파	1/2대
달걀	1개
김가루	3큰술
삭힌 고추 장아찌	2큰술
통깨	1큰술
다진 마늘	1/2큰술
참기름	1큰술
육수 재료	
물	10컵
북어머리	2개
양파	1개
다시마	20cm
홍고추	1개

1 물에 밀가루, 소금을 넣고 반죽하다 부추를 송송 썰어 넣고 반죽한다.
2 1을 비닐봉지에 30분 정도 담아 두었다가 한 번 더 반죽한다.
3 육수 재료를 넣고 약한 불로 30분 끓여 육수를 만든다.
4 육수가 완성되면 건더기를 건지고 준비한 반죽을 떼어 넣는다.
　국간장 1/2큰술, 소금 1큰술을 넣고 끓인다.
5 다진 마늘 1/2큰술, 어슷 썬 대파, 달걀을 풀어 넣고 참기름 1큰술을 넣는다.
6 그릇에 담고 고추 장아찌를 다져서 올리고 김가루, 통깨를 더해 낸다.

✎ 쓸모 많은 부추의 영양 정보

부추는 염증이 있거나 열이 높을 때는 많이 먹지 않는 게 좋고 꿀, 인삼 등과는 같이 먹는 것을 피한다.
기운이 없고 식은땀이 나거나 현기증이 날 때, 몸이 허할 때 먹으면 기력을 보충해 준다.
부추는 짧고 굵으며 누런 잎이 없는 선명한 녹색을 고른다. 재첩, 모시, 북어 등 해독식품에 부추를 넣으면
해독 작용을 돕는다. 부추요리에는 마늘은 넣지 말아야 부추 맛을 잘 살릴 수 있다.

열무 들깨탕

열무는 섬유질이 풍부해 장에 좋고 신진대사를 원활히 해서 노폐물이 쌓이지 않게 한다.
열무를 씻을 때 상처가 생기면 풋내가 나므로 넉넉한 물에 담가 살살 흔들어 씻는다.
데쳐서 조리할 때는 데친 뒤 더 씻으면 되니 처음에는 살살 흙만 털어내는 정도로 손질한다.

재료(4인분)

열무	500g
소금	1큰술
들깨	1/2컵
물	1컵
홍고추	1개
대파	1/2대
다진 마늘	1작은술
들기름	1큰술
육수 재료	
멸치	10g
다시마	10cm
열무 뿌리	적당량
물	3컵

1 열무는 끓는 물에 소금 1큰술을 넣고 데친 뒤 찬물에 헹궈 물기를 뺀다.
　들기름 1큰술을 두르고 열무를 7센티미터로 잘라 넣고 3분 정도 볶는다.

2 육수는 20분 정도 끓인다. 1에 육수를 넣고 끓으면 약한 불로 30분 끓인다.

3 채 썬 홍고추, 어슷 썬 대파, 다진 마늘을 넣는다.

4 들깨는 깨끗이 씻어 물과 함께 믹서에 간 다음 체로 거른다.

5 탕에 넣고 우르르 끓으면 불을 끈다.

✎ **열무 뿌리부터 무청까지 알뜰하게 쓰기**
열무 뿌리까지 깨끗이 씻어 육수에 넣으면 버리는 것 없이 모두 먹을 수 있고 열무맛이 진하게 살아 있는 요리를
만들 수 있다. 무청은 그늘에 말렸다가 끓는 물에 데친 뒤 껍질을 벗겨 활용한다.

재료(4인분)

토란대	200g
대파	2대
숙주	100g
달걀	2개
북어	30g
포도씨오일	1큰술
다진 마늘	1큰술
고춧가루	2큰술
국간장	2큰술
소금	1큰술
참기름	1큰술
육수 재료	
북어 머리	2개
물	10컵
대파 뿌리	2개
마른 고추	1개

1 토란대는 끓는 물에 데친 뒤 7센티미터로 자른다.
 대파는 7센티미터로 잘라 반 가르고 끓는 물에 데친다. 숙주도 손질한다.

2 북어 머리를 떼어 육수를 끓이고 북어 살은 물에 살짝 씻어 불린 뒤 6~7센티미터 길이로 굵게 찢는다.
 살짝 헹군 뒤 물기를 제거한다.

3 북어 육수를 센 불로 끓이다가 끓으면 약한 불로 줄여 20분 끓이고 건더기는 건진다.

4 포도씨오일 1큰술, 다진 마늘, 고춧가루를 넣고 약한 불로 볶다가 육수 3큰술을 넣고 볶는다.
 토란대, 북어를 넣고 3분 정도 볶다가 육수를 넣고 끓인다.

5 20분 정도 더 끓이다가 국간장, 소금, 삶아둔 대파, 숙주를 넣고 10분 더 끓인다.

6 달걀을 풀어 넣은 뒤 참기름을 넣고 불을 끈다.

✎ 맛깔스러운 국물 맛내기 요령

기름을 두르고 고춧가루를 볶을 때 타기 쉬운데 이때
육수를 1~2큰술 정도 넣고 볶으면 타지 않고 향을 낼 수 있다.
달걀을 풀어 넣을 때는 높이 부어 넣고 익을 때까지 그대로 두는 것이 좋다.
달걀을 풀고 계속 저으면 국물이 탁해진다.

토란대 북어 육개장

토란대는 예민하고 잔병치레가 많은 알레르기 체질을 개선해 주며 위에 좋고 피로 회복에도 그만이다.
토란대는 끓는 소금물에 데쳐 찬물에 헹군 후 물기를 제거하고 조리해야 아린 맛도 빠지고 깨끗이 손질된다.
북어와 함께 토란대를 넣고 끓이면 해독 작용이 뛰어나 해장국으로 많이 먹는다.

깻잎쌈

깻잎은 향이 좋아 식욕을 돋을 뿐만 아니라 다른 재료의 나쁜 맛을 없애 준다.
또 철분이 많아 빈혈에 좋고 출혈도 막아 준다. 커피와 녹차를 많이 마시면 철분 흡수가 잘 안 되는데
깻잎을 많이 먹으면 보완이 된다. 깻잎은 몸을 차게 하는 성질이 있어 견과류와 함께 먹는 게 좋다.

재료(4인분)

깻잎	20장
다진 호두 · 다진 땅콩	2큰술씩
아몬드슬라이스	2큰술씩
참치 통조림(작은 것)	1개
레몬즙	1큰술
양파	1/2개
소스 재료	
미소된장	3큰술
매실청 · 다진 청고추	1큰술씩
홍고추 · 식초	1큰술
맛술	1큰술
깨소금	1큰술
참기름	1/2큰술

1 깻잎은 꼭지를 잘라 흐르는 물에 깨끗이 씻어 물기를 제거한다.

2 견과류는 기름 두르지 않은 팬에 살짝 볶는다.

3 참치 통조림은 기름을 빼고 레몬즙, 소금, 후춧가루를 넣어 버무려 둔다.

4 양파는 채칼로 가늘게 채 썬 뒤 찬물에 헹궈 매운맛을 빼고 물기를 제거한다.

5 소스를 섞어 따로 담아 낸다.

6 깻잎에 준비된 재료를 넣고 싸서 먹는다.

✎ **깻잎 맛있게 먹기**

깻잎은 꼭지 부분에 농약이 남아 있기 쉬우므로 꼭지를 제거하고 물에 잘 씻는다.
쌈을 쌀 때 깻잎을 뒤집어 싸면 입에 넣을 때 부드럽다. 깻잎은 잎이 얇아 씻어 놓으면 무르기 쉽다.
따라서 먹기 전에 씻고 보관할 때는 종이타월에 싸서 구멍 뚫린 비닐에 담아 냉장 보관한다.

채소 쌈을 맛있게 해주는 쌈장들

가지 쌈장

재료

가지	1개
소금	1작은술
들기름(볶은용)	적당량
풋고추	2개
올리고당	1큰술
흑임자	1/2작은술

양념 재료

고추장 · 된장	2큰술씩
다진 파	1큰술
다진 마늘	1/2큰술
표고버섯 우린 물	2큰술

1 가지는 사방 1센티미터로 잘라
   소금 1작은술을 넣고 절였다가 꼭 짠다.

2 들기름을 넣고 가지를 볶다가
   양념을 넣고 끓인다.

3 홍고추를 다져 넣고 끓으면
   올리고당을 넣고 불을 끈다.

4 종지에 담고 다진 파를 뿌려 낸다.

표고버섯 견과류 쌈장

재료

건표고버섯	1개
다진 땅콩·다진 호두·다진 호박씨	1큰술씩
참기름	1/2큰술
올리고당 · 통깨	1/2큰술씩

양념 재료

된장	4큰술
고춧가루	1작은술
다진 파	1큰술
다진 마늘	1작은술
표고버섯 우린 물	2큰술

1 표고버섯은 불려 굵게 다진다.

2 견과류는 굵게 다져 준비한다.

3 프라이팬에 참기름 1/2큰술을 넣고
   표고버섯을 볶다가 양념을 넣고 끓인다.

4 견과류를 넣고 살짝 볶다가 불을 끈다.

5 올리고당, 통깨를 넣는다.

잔멸치 쌈장

재료

잔멸치	30g
들기름	1큰술
고추장	1큰술
된장	3큰술
청주	1큰술
청양고추	1개
홍고추	1/2개
들깨가루	1큰술

1 들기름 1큰술을 넣고 멸치 먼저 볶다가
   고추장, 된장, 청주를 넣고 볶는다.

2 고추는 굵게 다져 넣는다.

3 올리고당을 넣고 불을 끈다.

4 들깨가루를 섞는다.

과일 고추장

재료

다진 사과·다진 배	2큰술씩
다진 파인애플	2큰술
다진 양파	3큰술
다진 마늘	1작은술
참기름	1/2큰술
고추장	6큰술
올리고당	1큰술
잣	1큰술

1 팬에 참기름 1/2큰술을 넣고
   다진 양파, 다진 마늘을 넣고 볶는다.

2 고추장을 넣고 볶는다.

3 다진 과일을 넣고 끓인다.

4 올리고당과 잣을 넣고 불을 끈다.

셀러리 사과무침

수분이 많고 섬유질이 많은 셀러리는 변비에 좋고 피를 맑게 하며 동맥경화를 예방해 준다.
콩이나 깨처럼 단백질이나 식물성 지방이 풍부한 식품과 함께 먹으면
노화나 성인병 예방에 더욱 효과적이다.

재료(4인분)

셀러리	2대
사과	1/2개
호두	5개
앤다이브 또는 연한 쌈배추	1통
레몬제스트	약간
라임 또는 레몬슬라이스(장식용)	적당량

소스 재료

크림치즈	2큰술
레몬즙	1큰술
소금 · 후춧가루	약간씩
플레인 요구르트	2큰술
올리브오일	1큰술
씨겨자	1/2큰술

1 셀러리는 감자칼로 억센 껍질은 없애고 7센티미터 길이로 굵게 채 썬다.

2 사과는 껍질째 깨끗이 씻은 뒤 굵게 채 썬다.

3 셀러리와 사과를 소스에 버무린다.

4 앤다이브 위에 3을 담고 호두, 레몬제스트를 올려 낸다.

5 레몬슬라이스로 장식한다.

🌸 **과일의 영양은 껍질에 많다**

레몬의 노란 껍질만 가늘게 채 썬 것이 레몬제스트이다.
과일이나 채소의 껍질 부분에는 영양소가 많으므로 농약이 걱정스럽다면 소금으로 문질러 깨끗이 씻거나
유기농 과일을 구입해 껍질째 먹을 수 있도록 한다.

새싹 비빔밥

새싹채소는 다 자란 채소보다 미네랄, 비타민이 월등히 많다.
노란 알파파싹은 콜레스테롤 수치를 낮추고 분홍 메밀싹은 해독 작용이 뛰어나 간에 좋고
적색의 양배추싹은 위를 보호하고 피부를 매끄럽게 한다.
브로콜리싹은 항암 작용을 하여 노화를 막아 준다.

재료(2인분)

새싹채소 3색 이상	50g씩
날치알	2큰술
무순	1/2팩
만가닥버섯	100g
달걀	1개
잡곡밥	2공기
김가루	2큰술
들기름	1큰술
간장	1큰술
포도씨오일(부침용)	적당량
참기름	1큰술
양념 재료	
고추장	3큰술
다진 마늘	1/2큰술
간장	1큰술
식초	2큰술
매실청	2큰술
생강즙	1작은술
깨소금	1큰술
참기름	1큰술
잣	2큰술

1 새싹채소는 찬물에 헹궈 물기를 제거한다.

2 무순은 씻어 물기를 제거한다.

3 버섯은 가늘게 찢어 들기름 1큰술, 간장 1큰술을 넣고 수분이 없게 바짝 볶는다.

4 팬에 포도씨오일을 약간 두르고 지단을 부친 뒤 채 썬다.

5 그릇에 밥을 담고 새싹, 무순, 버섯볶음, 지단, 김가루와 날치알을 올린다.

6 채소 위에 참기름 1큰술을 넣고 양념장을 곁들여 낸다.

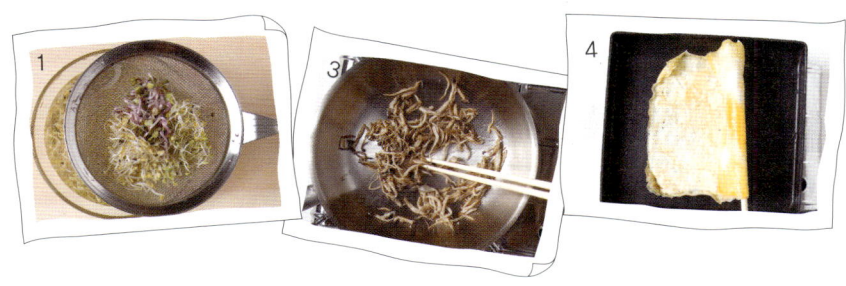

🥢 **비빔밥과 참기름**

비빔밥을 비빌 때 새싹에 참기름을 약간 넣고 살짝 버무려 비비면 각 재료가 알알이 흩어지게 비벼지고 맛도 좋다.
새싹의 영양소는 금방 파괴되므로 먹을 만큼 적당량 구입해서 바로 먹는다.

재료(4인분)

양배추잎	4장
소금(절임용)	1/2큰술
닭가슴살	1장
양파	1/2개
주황 파프리카	1/2개
춘권피	15장
마른 고추	1개
다진 마늘	1큰술
소금·후춧가루·청주	1큰술씩
올리브오일(볶음용)	적당량

소스 재료

청주	1/2큰술
굴소스	1/2큰술
소금·후춧가루	약간씩

1 양배추는 굵게 채 썰어 소금 1/2큰술을 넣고 절였다 꼭 짠다.

2 닭가슴살은 굵게 다져 소금, 후춧가루, 청주를 넣어 밑간한다.
양파, 파프리카는 4센티미터 길이로 채 썬다.

3 프라이팬에 올리브오일 1큰술을 두르고
다진 마늘 1큰술, 마른 고추를 넣고 볶다가 양파를 볶는다.

4 닭가슴살을 넣고 볶다가 익으면 양배추, 파프리카를 넣고 볶은 뒤
소스를 넣고 센 불로 볶는다.

5 머핀틀에 올리브오일을 바르고 4등분으로 자른 춘권피를 담아
200도로 예열한 오븐에 2~3분 정도 구워 바삭하게 준비한다.

6 춘권피컵에 양배추 볶음을 담는다.

🔖 **양배추 한 통**

양배추는 통째로 구입하는 게 수분이 마르지 않아 좋다.
양배추가 남을 땐 양배추 반 통 기준으로 물, 설탕, 식초를 1컵씩 넣고 소금 3큰술을 섞어 초절임을 만든다.

양배추 닭가슴살볶음

칼로리가 낮고 식이섬유가 풍부한 양배추는 위궤양이나 위 질환을 치료하는데 효과가 있고 변비를 없애주며 콜레스테롤 수치를 낮춰 준다. 배추는 성질이 차지만 양배추는 온화한 성질이라 많이 먹어도 좋다. 불안하고 예민할 때 먹으면 피로를 풀어 주고 마음을 편안하게 해 준다. 또 술병이 났을 때 위 기능을 회복시켜 준다.

시금치 옥수수 치즈구이

시금치는 철분이 많아 빈혈 예방에 좋고 병에 대한 저항력을 키워 감기에 걸리지 않게 돕는다.
엽산이 풍부해 노인의 치매를 예방하고 산만한 어린이에게는 집중력을 길러 준다.

1 다듬은 시든치는 끓는 물에 소금을 약간 넣고 데쳐
  찬물에 헹군 후 물기를 제거하고 1센티미터 길이로 자른다.
2 옥수수알은 통조림의 경우 끓는 물을 부은 뒤 체에 밭쳐 물기를 뺀다.
3 식빵은 사방 1센티미터로 잘라 팬에 바삭하게 굽는다.
4 그릇에 소스 재료를 넣고 섞는다.
5 오븐 용기에 올리브오일을 약간 바르고 옥수수, 시금치를 담고 4를 붓는다.
6 구운 식빵을 위에 올리고 모차렐라치즈를 뿌린 다음
  200도로 예열한 오븐에 10분 동안 굽는다.

재료(2인분)

시금치	100g
소금	약간
모차렐라치즈	50g
옥수수알	1컵
식빵	1장
올리브오일(코팅용)	적당량

소스 재료

우유	2큰술
생크림	3큰술
달걀	1개
소금 · 후춧가루	약간씩

🥄 깨와 궁합이 맞는 시금치

시금치를 생으로 많이 먹으면 결석이 생긴다고 하는데 데쳐 먹으면 괜찮다.
담석이 있는 사람은 깨를 많이 넣고 조리하면 흡수를 도와 담석이 생기는 것을 예방할 수 있다.
시금치를 데칠 때는 소금을 약간 넣고 뿌리부터 넣어 살짝 저은 다음 바로 꺼내 찬물에 빨리 헹군다.

알배추 매운 무침

배추는 식이섬유가 풍부해 장에 이롭고 오래 저장해도 영양 손실이 적어 김치 재료로 그만이다.
다만 찬 성질이 강해 따뜻한 성질의 마늘, 생강을 꼭 넣어 주는 게 좋다.
잣, 깨 등 견과류를 넣으면 발효가 잘 되고 구수한 맛이 산다.

재료(4인분)

알배추	400g
영양부추	50g
쪽파	30g
홍고추	1개
통깨, 잣	1큰술씩
다진 땅콩	1큰술
소금 · 설탕	1작은술씩
양념 재료	
고춧가루	3큰술
매실청	1큰술
액젓	1큰술
소금	1/2큰술
다진 생강	1/2작은술
다진 마늘	1큰술
밥	1큰술

1 알배추는 반으로 갈라 씻어 물기를 뺀 후 길게 자른다.
2 영양부추, 쪽파를 씻어 물기를 빼고 5센티미터로 자른다.
3 1에 소금 1작은술, 설탕 1작은술을 넣고 절였다가 물기를 제거한다.
4 홍고추는 반으로 갈라 씨를 뺀 뒤 채 썬다.
5 양념을 믹서나 블렌더에 넣고 곱게 간다.
6 먹기 전에 준비한 채소에 양념을 넣어 무친다.
　접시에 담고 통깨, 잣, 땅콩을 뿌린다.

✎ **바로 먹어야 제맛인 겉절이**

절이지 않고 샐러드처럼 바로 무쳐 먹는 겉절이는
채소와 양념을 따로 준비해 두고 먹을 만큼만 바로 무쳐야
물이 생기지 않고 신선하다. 국수를 삶아 비벼 먹어도 좋다.

상품이 아니라
상품에 담긴 스토리를 보라

Lohas Shop
무 공 이 네
www.mugonghae.com

무공이네는 인터넷이 시작될 무렵인 1999년, mugonghae.com 도메인을 따고 무작정 친환경제품을 개발·판매하기 시작한 이후 2000년 서울 풍납동에 물류기지 겸 오프라인 매장 1호점을 출점하고 2003년 매출 20억 원을 돌파했다. 이때부터 오프라인 매장 사업을 본격적으로 준비해 같은 해 11월 서울 목동에 가맹 1호점을 선보이고 현재까지 20개의 유기농·친환경 식품 전문점을 출점하여 승승장구하고 있다. 화려한 듯 보이는 이력이지만 무공이네가 위치한 곳은 서울의 화려함과는 동떨어진 경기도 하남시 망월동의 어느 시골이다. 그곳에서 무공이네 대표 오종석 씨를 만났다.

"그 당시 저는 프로그래머였고 전공은 원예학이었어요. 프로그래머로 일하다가 IMF를 맞으며 직장에서 내 영역을 확장시켜 나가는 것은 한계가 있다는 생각으로 고민 고민하다가 정보통신을 역으로 가는 것도 괜찮겠다 싶었지요. 당시에도 먹을거리 문제가 많았거든요. 중국식품의 불신이라든지……"

그 시절 친환경 물품을 판매하던 곳은 한살림, 수도권 연합 생협 등 몇 곳밖에 없어 친환경 사업을 하겠다는 결심이 서자 망설일 필요가 없었다고 한다.

"생협의 불편한 점을 찾아봤지요. 당시 생협은 온라인이 없었어요. 나름대로 내용은 가지고 있었지만 일반 소비자들이 접근하는 데는 한계가 있었지요. 가령 조합원이 되려면 회비를 내야 하고 정해진 요일에만 배송물품을 받아야 하며 오래 기다려야 하는 그런 부분이지요."

일부 사람만 들어갈 수 있고 들어가는 것도 복잡하고 활성화되어 있지 않았을 때 소비자들이 쉽게 접근할 수 있는 것은 무엇일까 생각하다 내린 결론이 온라인이었다. 그러나 돈이 없으니 거창하게 시작할 수는 없었다. 조그만 지하에 세를 얻어 현지에서 20여 가지 친환경 물품을 가져다 거래하기 시작했다.

"과일, 쌀 이런 거였어요. 품목이 몇 개 없으니 되겠어요? 잘 안 되죠. 제철에만 판매해야 하고 현실적으로 잘 안 돼요. 그리고 온라인이란 게 좀 어려운 점이 있어요. 그래서 풍납동에 오프라인 매장을 하나 냈지요."

온라인이라서 특히 어려운 점이 무엇이냐고 물으니 인터넷에서 팔려면 품목을 좀 늘려야 하는데 당시 친환경 제품이 몇 개 안 되었다고 한다. 우리밀 제품, 전통 제품 중에 일부, 1차 농산품 몇 개 정도가 고작이었다.

"어떻게 해야 할까 생각하다가 생협은 이미 규모가 좀 되어 있었고 옛날에 들어온 사람들은 지금 진입하는 사람과 다르게 돈이 될 것이라 생각하고 들어온 게 아니거든요. 바른 먹을거리라든지, 환경을 생각한다든지, 어쨌든 그런 분들이 많더라고요. 알아봤더니 선배도 있고 연결되는 사람들이 좀 있었어요. 그제야 물건 받는 것이 좀 수월해졌지요."

그래도 1년 반은 형편이 어려웠다. 2001년 후반부터 겨우 사정이 나아졌다.

"나름대로 그동안에 많이 배웠죠. 친환경과 산지에 대한 의미도 자연스럽게 알게 되더라고요. 그때 제가 느낀 것은 스스로 변해야 되고 스스로 빠지지 않으면 할 수 없겠다는 거예요. 친환경 사업은 자기 생활이 그렇지 않으면 신뢰가 생기질 않아요. 이 업은 신뢰로 하는 것이라서 상품으로 접근하면 안 돼요. 상품에 딸린 이야기는 물론 그

사람들의 생각과 사고방식을 공유해야 하는데 스스로 빠지지 않으면 신뢰를 줄 수 없죠."

친환경 시장의 문제와 진단

전보다 나아졌을 뿐 그 후에도 그저 그랬던 무공이네가 폭발적으로 성장한 것은 공중파 방송에 소개되면서부터이다.

"그때가 2002년이었을 거예요. 주문을 못 받을 정도였지요. 잘 먹고 잘 사는 법이 화두가 되면서 우리뿐만 아니라 한살림, 초록마을도 폭발적으로 성장했죠. 한살림 같은 경우 15년 동안 회원이 2만 명밖에 안 되었는데 1년 사이에 10만 명으로 증가되었으니까요."

역시 방송의 위력은 대단한 걸까? 친환경 운동이 대중적으로 확대될 수 있는 전환기가 방송 프로그램에서 비롯되었으니 말이다.

"그 방송을 계기로 친환경 프랜차이즈 업체들이 들어오고 대기업들도 뛰어들면서 여러 가지 문제점이 노출되었지요." 이야기는 자연스럽게 지금의 친환경 시장에 대한 고민으로 흘러갔다.

"생각만 바를 뿐이지 운영이 영세하니까 일반 식품업체처럼 잘 갖추고 있는 것이 아니잖아요. 그러니까 여러 가지 문제가 생길 수밖에 없지요. 2005년 이후 잠잠해졌지만 친환경 시장은 많이 커졌어요. 하지만 백화점, 할인점, 규모가 좀 있는 슈퍼마켓으로 퍼지면서 이름만 유기농이 많이 등장했죠."

그는 대기업들이 포장만 그럴 듯하게 바꿔 소비자의 눈을 가린다고 주장한다. "예를 들어 이건 법적인 문제도 있는데 지금 법만으로 보면 원료의 95퍼센트만 유기농이면 유기농이라는 표현을

쓸 수 있어요. 그런데 기존에 해온 업체는 원료도 중요하지만 첨가물도 일부 화학 첨가물은 못 넣게 하고 있어요. 첨가물은 단 0.1퍼센트만 들어가도 인체에 영향을 미칠 수 있는 거니까요. 알레르기나 아토피를 유발할 수 있는 원인이 되기도 하고요."

그렇지만 대기업이 친환경 시장에 관심을 가지고 진입하는 것은 꺼릴 일만은 아니라는 게 오종석 대표의 생각이다. "자본주의에서는 어떤 것을 막고 들어오지 못하게 하는 건 있을 수 없어요. 또 저는 그게 전체 시장을 키우는 데 도움이될 것이라는 생각이 들어요. 몇몇 사람만 먹을 것이 아니라 좀 더 많은 사람이 먹어야 한다면 대중화되는 것은 맞지요. 다만 건전한 방향으로 가야하는데 아까 말씀드렸듯이 무늬만 유기농인 것들이 많아 함께 고민해야 할 부분이라 생각해요"

먹을거리에 대한 고마움이 먼저다

한살림, 올가, 유기농신시, 초록마을, 기타 여러 생협까지 친환경 제품을 유통하는 여러 곳 중에서 무공이네만이 가지고 있는 색깔은 무엇인지 물었다.

"우리는 상품으로만 접근하는 것이 아니라 상품에 담긴 친환경 문화를 함께하기 위해 활동을 많이 해요. 실협도 그렇겠지만 체험을 훨씬 더 많이 하고 있죠. 장담그기를 통해 발효식품을 알아가기도 하고 사과 봉지나 배 봉지 씌우기, 매실따기, 고사리 꺾기라든지 추수하기, 메뚜기 잡기 등 생산자와 함께 로하스 축제를 하는 것들이 그 예지요." 로하스 축제라는 말을 들으니 언뜻 전에 본 기사가 생각났다. 그러고는 이내 왜 초록마을

이나 생협, 한살림 등과 연계해서 로하스 축제를 크게 벌이지 않는지 궁금했다. 친환경업체끼리 힘을 합친다면 더 많은 사람들이 참여하는 장이 마련될 텐데 하는 생각이 들었다.

"그래서 예전에 유명한 환경운동가를 만나 이런 얘기를 했어요. 제가 직접 나서면 모양새가 안나오니까 좀 나서 달라. 그러면 서울시와 함께 종합운동장 같은 곳에서 모든 업체가 친환경 붐을일으킬 수 있는 장이 될 것이다. 누구나 시식도하고 풍물도 하고 강연회도 하고 그러면 자연스럽게 대중들의 관심을 끌지 않겠느냐 그랬지요."

이런 움직임이 전혀 없는 것은 아니라고 한다. 조심스럽기는 하지만 친환경업체끼리 할 수 있는 부분을 찾고 있다고 한다.

"하지만 상당히 조심스러워요. 우리 스스로도 자성의 노력이 필요하거든요. 예를 들어 문제가 있는 물건이 있어요. 그런데 어느 업체에서 팔고 있어요. 그걸 우리 스스로 통제해야 해요. 일반사람들은 잘 모르니까요. 그런데 아직까지는 그런 부분이 좀 약해요. 이 업계의 위험요인이죠.

유기농이 아니든 먹을거리 자체를 하찮게 대하지 않는 것이 가장 중요하다는 것이다. "아이들에게 밥을 차려 줄 때 '감사합니다' 라고 말하게 한 뒤 먹게 하면 투정을 안 해요. 우리 애에게도 해 봤어요. 그리고 한 번, 두 번 하다 보면 저절로 그런 생각이 들어요. 요리하는 사람도 정성들여 하게 되고 아무 식재료나 가지고 만드는 일은 있을 수 없지요."

먹을거리에 대한 고마움. 그것만 있으면 함부로 먹을거리를 기르지도, 팔지도 않을 것이며, 만들지도 않을 것이라는 게 그의 생각이요, 고집이다.

"왜 서울에서 멀리 있냐고요? 물류창고와 가까이 있어야 소비자가 요구했을 따 즉각 행동할 수 있잖아요."

오종석 대표의 얼굴에서 진지한 환경운동가의 모습이 엿보였다.

'무공이네가 빵을 파는데 유기농 밀이 아니고 중국산 밀로 만든 거다' 이런 식의 문제가 터지면 우리만 망하는 게 아닙니다. 전체가 같이 망하는 거죠."

이런 문제점이 진정으로 해결되려면 제품 속에 있는 생활문화를 아우르는 노력이 함께 해야 한다는 것이 오종석 대표의 생각이다.

"유기농 사업을 하면서 게시판을 꽉 막아 놓는 것은 있을 수 없는 일이라고 생각해요. 소통하는 게 있어야 합니다. 이벤트를 하더라도 1천 원짜리를 9백 원에 파는 것도 중요하지만 관련된 이야기들을 짧게나마 고객들이 쓰게 만들어야 합니다. 그래야 실제 생활이 조금씩이라도 꾸준히 변화하지요."

차분하게 이야기하던 오종석 대표가 갑자기 질문을 했다.

"유기농 먹고 운동 안 하는 사람과 유기농 안 먹고 운동하는 사람과 둘 다 안 하는 사람과 둘 다 하는 사람 중에 누가 더 건강할까요?"

그의 결론은 감사하게 먹는 것, 즉 유기농이든

CHAPTER 04

힘 불끈, 에너지 업!
뿌리채소 요리

뿌리채소는 땅속의 영양을 모아 줄기와 열매에 공급하기 때문에
피로 회복, 원기 보충에 좋으며 항암 효과가 있고 면역력을 키워 준다.
또 칼로리가 낮아 포만감이 쉽게 느껴져 다이어트에 효과적이다.
뿌리채소에는 우엉, 연근, 마, 무, 고구마, 더덕, 도라지 등이 있다.

연근 피자

연근은 니코틴을 해독해 주어 폐에 좋다. 끈적임이 있는 뮤신 성분이 위를 보호하고
녹말과 식이섬유가 풍부해 변비를 없애며 몸속의 독성을 배출해 간에도 이롭다.
또 체력을 길러 주고 불안하고 초조할 때 마음을 안정시키는 효과가 있다.

재료(2인분)

연근	1개
토르티아(8인치)	2장
모차렐라치즈	100g
파슬리가루(장식용)	적당량
소금, 후춧가루	약간씩
소스 재료	
다진 마늘	1작은술
생크림	3큰술
크림치즈	2큰술

1 연근은 얇게 썬다.

2 끓는 소금물에 2분간 삶아 체에 건진다.

3 토르티아에 소스를 섞어 바른다.

4 연근을 올리고 소금, 후춧가루를 뿌린다.

5 모차렐라치즈를 뿌리고 200도로 예열한 오븐에 15분간 굽는다.

6 파슬리가루를 뿌린다.

✎ 연근은 견과류, 깨와 함께

껍질을 벗긴 연근의 갈변을 막으려면 식초물에 담가 둔다.
식초물에 담그면 구멍 속 진흙도 뺄 수 있고 아삭해지며 맛도 좋아진다.
다만 섬유질이 많아 설사를 할 때는 먹지 않는 게 좋고 찬 성질이 있어 몸이 냉한 사람은
견과류나 깨와 함께 조리해서 먹도록 한다.

재료(4인분)

마	1개
흑임자	1큰술
얼음물	1컵
밀가루	1컵
국간장	1큰술
흑임자	1큰술
포도씨오일(부침용)	적당량

1 마는 감자칼로 껍질을 벗기고 0.5센티미터 두께로 썬다.

2 끓는 물에 3분간 데쳐 물기를 뺀다.

3 밀가루를 살짝 무친다.

4 얼음물, 밀가루, 국간장을 섞은 뒤 흑임자를 넣고 부침물을 만든다.

5 프라이팬에 포도씨오일을 두르고 달군 다음 3을 부침물에 담가 부친다.

🥢 **마 손질하기**

마 껍질을 깔 때 경우에 따라서는 피부가 빨갛게 되면서 부풀고 가려울 수 있다.

이때 식초물에 씻으면 가라앉는다. 마 껍질을 제거할 때는 1회용 장갑보다 주방용 고무장갑을 낀다.

알레르기 반응도 생기지 않고 미끈거림도 없어 손을 다칠 염려가 없다.

마는 긴 장마와 넙적한 산마가 있는데 넓적한 것이 점성이 더 많고 영양이 좋다.

흑임자 마전

마를 꾸준히 먹으면 콜레스테롤과 혈압을 낮춰 각종 성인병 예방에 효과적이다.
칼로리는 낮은 반면 먹고 나면 속이 든든해 다이어트에 좋으며 위를 보호하는 성분이 많아
불규칙한 식사로 위가 상한 사람에게 이롭다.

고구마 아이스크림

고구마는 식이섬유가 많아 변비에 좋고 체지방을 감소시켜 다이어트에 효과가 있다.
또 몸속의 염분을 배출시키는 기능이 있어 소금 섭취가 많은 우리 식습관에 좋은 식품이다.
단 당분이 많으니 당뇨나 고혈압 환자는 소량씩 섭취한다.

재료(4인분)

고구마	2개
생크림	1컵
꿀	1큰술
올리고당	1큰술
견과류	적당량
소금	약간

1 압력솥에 물 1컵, 소금 1큰술, 고구마를 넣고 20분간 익힌다.
   잘 익은 고구마를 포크로 으깬 뒤 생크림, 꿀, 올리고당을 섞는다.

2 1을 냉동실에 2시간 둔다.

3 포크로 곱게 저어 준 뒤 냉동실에 다시 1시간 둔다.

4 포크로 긁어 주기를 2~3회 반복한다.

5 그릇에 아이스크림을 담고 견과류를 올린다.

🔖 **고구마 껍질째 먹기**

고구마는 껍질에 소화를 돕는 성분이 있으므로 깨끗이 씻어 껍질째 먹는다.

고구마를 먹으면 소화가 잘 되고 장 운동이 활발해 방귀가 자주 나온다.

고구마는 종류에 따라 조리법을 다르게 하는 게 좋은데 당도가 높고 수분이 많은 호박고구마나 물고구마는 구워 먹으면 더 맛있고 밤고구마는 소화가 잘 안 되므로 껍질째 압력솥에 익혀야 부드러워 덕기 수월하다.

우유와 궁합이 잘 맞아 함께 먹으면 좋다.

재료(4인분)

더덕	100g
새송이버섯	3개
영양부추	50g
잣	2큰술
비타민	30g
치커리	30g
참기름(부침용)	적당량

더덕 절임장 재료

오렌지주스	3큰술
식초	1큰술
매실청	1큰술
소금	약간

소스 재료

더덕	1개
사과	1/4개
레몬즙	1큰술
연겨자	1큰술
매실청	1큰술
소금	약간
깨소금	2큰술

1 더덕은 얇게 썰어 절임장에 넣고 10분간 절인다.

2 소스 재료를 믹서나 블렌더로 곱게 간다.

3 새송이버섯은 0.3센티미터 두께로 썰어
   참기름 두른 팬에 앞뒤로 굽고 소금, 후춧가루를 뿌린다.

4 샐러드 채소는 씻어 얼음물에 담갔다가 물기를 뺀다.

5 접시에 새송이버섯을 돌려 담고 소스에 채소와 절인 더덕을
   무쳐 담은 후 잣을 뿌려 낸다.

✎ **더덕 손질하기**

더덕은 살이 통통하고 마르지 않으며 향이 진한 게 좋다.
껍질을 벗길 때 진이 많다면 소금물에 담갔다가 손질하도록 한다.
껍질을 깐 뒤 수분이 날아가게 채반에 꾸덕꾸덕 말려 조리하면
향이 살고 요리할 때 부서지지도 않으며 식감이 좋다.

더덕소스 채소무침과 새송이버섯구이

인삼의 성분인 사포닌은 더덕에도 많이 들어 있어 허약체질을 개선하고 피로 회복에 좋다.
가래를 삭혀 주고 기침을 멎게 해 주며 기관지와 폐를 보호한다. 하지만 많이 먹으면 혈당이 높아지므로
조금씩 꾸준히 먹도록 한다. 더덕은 열이 나게 해 주는 식품으로 몸이 찬 사람이 먹으면
몸을 따뜻하게 하고 신진대사를 돕는다.

단호박 수프

단호박은 식이섬유가 많은 식품이다. 콜레스테롤의 흡수를 억제하고 몸에 나쁜 물질의 흡수를 막아 주어 고혈압에 좋다. 인슐린의 생산을 돕고 포도당 흡수를 도와 당뇨병에도 도움이 된다.

재료(4인분)

단호박	1/2통
닭고기 육수	1컵
우유	1컵
생크림	1컵
밀가루	1큰술
버터 또는 올리브오일	1/2큰술
소금	약간

1 단호박은 반으로 갈라 씨를 뺀 뒤 찜통에 찐다.
2 호박 껍질을 제거하고 속살만 준비한다.
3 냄비에 닭고기 육수, 우유, 호박을 넣고 5분간 끓인다.
4 버터는 실온에 두었다가 부드러워지면 밀가루 1큰술을 넣고 섞는다.
5 3과 4를 믹서에 넣고 간다.
6 생크림을 넣고 데우듯이 끓인다. 먹기 전에 소금으로 간한다.

✎ 수프의 농도는 생크림과 우유로

수프를 끓일 때 생크림과 우유로 농도를 조절한다. 끓인 직후는 묽기 때문에 우유와 생크림을 조금 적게 넣어 농도를 맞추고 데워 먹을 땐 걸죽해져 있으므로 우유를 넣고 데워 농도를 맞춘다.
수프는 생크림을 넣어야 맛이 진하다. 생크림은 구입 후 냉동 보관해서 쓰면 편하다.

브로콜리 수프

브로콜리는 겨울에 비타민C 섭취를 돕는 섬유질이 풍부한 채소다. 면역력을 키워서 감기에 걸리지 않게 하고 위암, 간암 등을 예방한다. 피로 회복과 스트레스 해소에도 효과가 있다.

재료(4인분)

브로콜리	200g
채 썬 양파	150g
감자	50g
찬밥	3큰술
닭고기육수	2컵
우유	1컵
생크림	1/2컵
버터	1큰술
소금 · 후춧가루	약간씩

1 양파는 채 썰고 감자는 얇게 썬다. 브로콜리는 끓는 물게 살짝 데친다.
2 프라이팬에 버터 1큰술을 녹인 뒤 채 썬 양파를 넣고 볶는다.
3 2에 얇게 썬 감자를 넣고 볶다가 데친 브로콜리를 넣고 볶는다.
4 닭고기육수와 찬밥을 넣고 10분간 끓인다.
5 식으면 3을 믹서에 곱게 간다.
6 우유, 생크림을 넣고 데우듯이 끓이다가 소금, 후춧가루로 간한다.

✎ 냉동실에 두고 먹는 브로콜리 수프

브로콜리를 구입해서 바로 다 먹지 못했다면 수프로 만들어 냉동 보관했다가 아침식사로 활용해 보자.
믹서에 가는 단계(만드는 법 5까지)까지 만들어 둔 뒤 1회분씩 용기에 담아 얼린다.
실온에 녹여 우유, 생크림 넣고 데우면 금방 끓인 수프처럼 맛있다.

감자 수프

감자는 유해 세균 증식을 억제해 면역력을 키워 주며 감기를 예방하고 항암 효과도 있다.
또 염분을 배출해 체액의 균형을 잡아 주기 때문에 고혈압에 좋다. 당분이 적어 당뇨에도 이롭다.

재료(4인분)

감자	2개
양파	1개
마늘	3쪽
닭고기육수	2컵
생크림	1컵
우유	1/2컵
셀러리	1/2대
밀가루	$1\frac{1}{2}$큰술
버터 또는 올리브오일(볶음용)	적당량

1 마늘은 납작 썰고 양파는 채 썬다.
　 프라이팬에 버터 1큰술을 넣고 약한 불로 10분간 볶는다.
2 얇게 썰어 물에 헹군 감자를 1에 넣고 함께 볶는다.
3 셀러리를 적당히 잘라 넣고 육수를 부어 20분간 끓인다.
4 프라이팬에 버터 1/2큰술을 넣고 녹으면 밀가루를 넣고 약한 불로 볶는다.
5 3에 4를 넣고 블렌더로 간다.
6 우유, 생크림을 넣고 데우듯이 끓인다. 먹기 전에 소금, 후춧가루로 각자 간한다.

✎ 닭고기육수 맛있게 만들기

닭고기육수를 끓이려면 먼저 닭의 기름기를 제거하고 깨끗이 씻은 뒤 끓는 물에 살짝 데친 다음 찬물에 헹궈 준비한
다. 물 3리터, 양파 1개, 당근 1/3개, 마늘 3쪽, 월계수잎 1장, 통후추 5알, 파슬리 줄기 등을 넣고 끓어 오르면 준비한
닭을 넣고 약한 불로 1시간 끓인다. 끓이면서 거품은 제거하고 뚜껑은 반쯤 열어 고기 냄새를 날려 준다. 끓인 국물은
냉동 보관해 두고 사용한다. 닭고기 육수가 없을 땐 물 2컵당 치킨스톡 1개를 사용한다.

당근 수프

노화를 억제하고 독소를 배출하며 해독 작용이 뛰어난 당근은 장수촌 대표 식품이다.
시력보호에도 좋고 감기 예방에도 효과가 있으며 항암 작용이 뛰어나 일본에서는 당근을 인삼처럼
보신 재료로 이용한다.

재료(4인분)

당근	300g
양파	1개
닭고기육수	2컵
찐 감자	1/2개
생크림	1/2컵
우유	1컵
올리브오일	2큰술
민트잎(장식용)	적당량

1 프라이팬에 올리브오일 2큰술을 넣은 다음
　 채 썬 양파를 넣고 숨이 죽을 정도로 충분히 볶는다.
2 채 썬 당근을 넣고 숨이 죽을 정도로 볶다가
　 닭고기육수 2컵과 볶은 양파를 넣고 약한 불로 20분간 끓인다.
3 찐 감자를 넣고 블렌더로 곱게 간다.
4 우유, 생크림을 넣고 데우듯이 끓이며 소금, 후춧가루로 간한다.
5 그릇에 담고 민트잎을 올려 낸다.

✎ 당근 요리는 센스 있게

당근은 생으로 먹는 것보다 기름과 함께 조리하면 흡수가 더 잘 된다. 하지만 다른 재료의 영양을 파괴하니
각기 달리 볶은 뒤 합하는 게 좋다. 요리에 당근이 많이 들어가면 색이 강해 전체적으로 조화롭지 않다.
따라서 다른 재료와 섞을 때는 반 정도로 하고 썰 때도 다른 재료보다 가늘게 썬다.

무 흑임자소스 무침

수분이 많고 비타민이 많은 무는 감기 예방, 특히 기관지에 좋다.
소화를 돕는 식품이므로 고기나 탄수화물 요리에 곁들인다.
니코틴 해독을 도우므로 흡연자라면 관심을 가질 만한 레시피다.
비타민이 속보다 껍질에 많으므로 깨끗이 씻어 껍질째 조리한다.

재료(4인분)

무	200g
비트	50g
땅콩	1큰술

흑임자 소스 재료

검은깨	2큰술
간장	1큰술
발사믹식초	1큰술
식초	2큰술
올리고당	1큰술
생강즙	1/2작은술
포도씨오일	1큰술

1 무는 얇게 썰어 얼음물에 담근다.
2 검은깨는 곱게 빻아 나머지 재료와 섞어 흑임자 소스를 만든다.
3 비트는 가늘게 채 썰어 얼음물에 헹군 후 물기를 뺀다.
4 땅콩은 굵게 다진다.
5 먹기 전에 물기를 제거한 무에 소스를 무쳐 담고 비트를 올린다.
6 땅콩을 뿌린다.

✎ **김장철 무가 맛이 최고**
무는 김장철 무가 가장 맛있고 여름 무가 가장 맛이 떨어진다. 김치 담그기에는 단단한 동치미 무가 좋고
겨울 무, 제주 무도 수분이 많아 김치를 담그면 맛있다. 국을 끓일 때나 무가 많이 들어가는 요리를 할 때는
끓는 물에 살짝 데친 뒤 조리하면 무의 진한 향이 달게 남아 음식을 맛있게 한다.

우엉 유부초밥

우엉은 세균 작용을 억제하여 소염 효과가 있고 면역력을 길러 주며 통증, 출혈을 멎게 한다.
아토피에 효과적임은 물론 위를 보호해 주며 소변을 잘 보게 하고 혈당을 안정시키며 신장에도 좋다.
철분이 풍부해 빈혈을 예방하고 혈액순환을 도와 피를 맑게 한다.

1 우엉은 껍질을 벗기고 채 썰어 물 1컵을 넣고 15분간 삶는다.
　조림장을 넣고 뚜껑을 덮지 않은 채 국물이 없어질 때까지 조린다.
2 오이는 굵게 다져 소금을 넣고 절였다가
　물기를 제거한 뒤 참기름을 약간 넣고 볶는다.
　당근은 굵게 다져 참기름을 넣고 볶은 뒤 소금을 약간 넣는다.
3 유부는 끓는 물에 데쳐 찬물에 헹궈 꼭 짠다.
4 3의 유부를 사선으로 잘라 벌린다. 조림장을 넣고 국물이 없게 조린다.
5 고슬고슬 지은 밥에 초밥초를 넣고 비빈 뒤 볶아
　다진 우엉, 오이, 당근, 흑임자를 넣고 비빈다.
6 졸인 유부에 밥을 넣고 모양을 잡는다.

재료(2인분)

우엉	200g
당근	1/3개
오이	1개
밥	2공기
소금·참기름	약간씩
유부	2봉지

초밥초 재료

식초	2큰술
설탕	1큰술
소금	1작은술

우엉 조림장 재료

간장	3큰술
물엿	2큰술
맛술	1큰술

유부 조림장 재료

물	1컵
간장	2큰술
맛술	2큰술
올리고당	1큰술

🥄 흙우엉이 좋다

우엉 껍질을 벗기다 보면 껍질을 다 까기도 전에 갈변되는 걸 볼 수 있다.
손질해서 파는 우엉은 실온에 두어도 갈변되지 않는데
이때 약품이 첨가되었을 수 있으니 흙우엉을 구입해 사용하는 게 좋다.
우엉을 데치면 푸르스름해지는데 영양엔 이상이 없다.

도라지 오징어 깻잎무침

기관지나 천식에 좋은 도라지는 가래를 삭혀 주고 감기를 예방한다. 암세포 활동을 억제하는 항암식품으로도 알려져 있다. 도라지를 나물로만 먹지 말고 꿀과 함께 재워 두고 자주 먹으면 감기가 예방된다. 대추, 은행, 생강 등과 함께 차로 끓이면 몸을 보하는 약이 된다.

1 도라지, 양파를 채 썰어 식초, 소금, 설탕을 넣고
   30분 정도 절였다가 꼭 짜서 물기를 제거한다.
2 밤은 얇게 썰고 깻잎은 1센티미터 크기로 자른다.
3 오징어는 껍질을 벗겨 칼집을 내고
   5센티미터 길이로 잘라 끓는 물에 살짝 데친다.
4 양념은 섞어 둔다.
5 먹기 전에 무쳐 낸다.

✎ 도라지 무침을 맛있게 하려면

물이 생기지 않아야 한다. 양념을 만들어 두었다가 먹기 직전에 무친다.
도라지의 쓴맛을 제거하기 위해 소금을 넣고 주무르는데 이때 식초와
설탕을 함께 넣으면 짜지지 않고 쓴맛도 빠져 맛있게 요리할 수 있다.
굵은 도라지를 구입했을 땐 더덕처럼 두드려 양념을 발라 구워도 좋다.

재료(4인분)	
도라지	200g
밤	5개
깻잎	1묶음
양파	1/2개
오징어	1마리
식초	1큰술
소금	1/2큰술
설탕	1큰술
양념 재료	
고추장	2큰술
고춧가루	2큰술
간장	1큰술
식초	2큰술
다진 마늘	1큰술
물엿	2큰술
깨소금	1큰술
참기름	1큰술

마늘 볶음밥

마늘은 살균력이 뛰어나 면역력을 키워 주고 피로 회복에도 그만이다.
익혀 먹는 것보다 생으로 먹는 게 좋다. 장아찌로 담가 먹으면 매운맛이 빠져나간다.

재료(2인분)

마늘	15알
부추	20줄
새우(소)	20마리
날치알	3큰술
달걀	2개
밥	2공기
포도씨오일(볶음용)	적당량
소금 · 후추	약간씩

1 달걀은 그릇에 풀어 소금, 후춧가루를 넣고 젓는다.
  프라이팬에 포도씨오일을 넣고 스크램블하듯 볶는다.
2 마늘은 얇게 썰어 물을 바꿔 주면서
  세 시간 정도 담가 두었다가 물기를 제거한다.
3 프라이팬에 포도씨오일 3큰술을 넣고
  마늘을 넣은 뒤 노릇하게 볶아지면 건진다.
4 3의 남은 기름에 부추, 새우를 넣고 볶다가 밥을 넣고 볶는다.
  소금, 후춧가루로 간한다.
5 날치알, 볶아 둔 달걀을 넣고 살짝 섞은 뒤 불을 끈다.
6 밥을 담고 구운 마늘을 올려 낸다.

✎ 마늘 맛있게 활용하기

볶음요리를 할 때 마늘을 먼저 볶아 향을 내어 사용하기도 하는데 이때는 약한 불로 은근히 볶아야
향이 충분히 살고 타지 않는다. 마늘은 전분이 많아 다져서 냉장고에 오래 두면 색이 변하고 맛도 변한다.
많은 양을 다졌을 때는 얇게 펼쳐 냉동 보관했다가 사용하는 게 좋다.

양파소스 구운 채소 샌드위치

양파는 피를 맑게 하고 혈액 순환을 도와 동맥경화·고지혈증 등 성인병을 예방한다.
콜레스테롤과 지방의 수치를 낮추므로 술과 고기를 먹을 때 함께 먹으면 좋다.

재료(2인분)

양파	2개
새송이버섯	2개
애호박	1/2개
슬라이스치즈	2장
양상추	3장
잡곡빵	4장
올리브오일(구이용)	적당량
발사믹식초	2큰술
소금 · 후춧가루	약간씩

소스 재료
마요네즈	3큰술
양겨자	1/2큰술

1 양파는 가늘게 채 썬 뒤 올리브오일 1큰술을 넣고 약한 불로 10분간 볶는다. 발사믹식초, 소금, 후춧가루를 넣고 2분간 볶아 소스 묽기로 만든다.

2 호박, 새송이버섯은 0.4센티미터 두께로 썬 뒤 소금, 후춧가루를 뿌려 밑간한다.

3 프라이팬에 올리브오일을 살짝 두르고 호박, 새송이버섯을 앞뒤로 굽는다.

4 양상추는 씻어 물기를 제거하고 식빵은 팬에 앞뒤로 살짝 굽는다.

5 빵 안쪽에 소스를 바르고 양파소스 – 양상추 – 빵 – 구운 채소 – 치즈 – 빵 순서로 덮는다.

🖋 **양파의 이모저모**

양파 껍질에는 노화를 막고 암을 예방하는 성분이 많으므로 육수를 만들 때는 껍질째 깨끗이 씻어 통째로 넣는다.
양파를 생으로 먹었을 때 새콤한 과일이나 우유를 먹으면 입 안의 냄새를 줄여 준다.
여행 가서 벌레 물렸을 때 양파즙을 바르면 가려움도 가라앉고 살균 효과도 있다.

남편으로는 80점! 농사꾼으로는 50점?

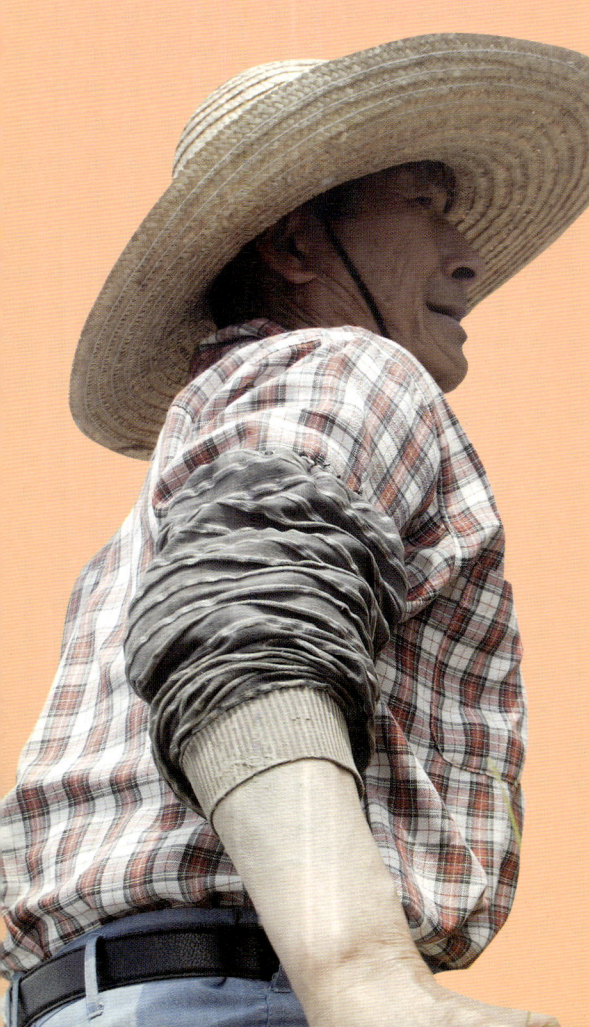

Lohas Story
충남 당진 매산리 정광영 씨

사방이 들판인 충남 당진군 신평면 매산리의 6월
은 초록바다로 넘실거린다. 모내기를 마친 논에
서는 손뼘 크기의 모들이 뿌리를 내리느라 안간
힘을, 밭에서는 콩, 마늘, 감자, 고구마 등이 서로
의 머리를 쓰다듬으며 키재기에 열중이다.

올해로 36년째 친환경 농업을 고집하고 있는
정광영 씨가 농사를 짓기 시작한 것은 중학교를
졸업하고부터였다. 4남매 중 둘째로 태어난 그는
군 제대 후 잠깐 마음을 다 잡지 못하고 짐을 싼
적이 있었다. 고향에 남는 자보다 떠나는 자가 더
많은 때라서 젊은 시절 뜨거운 피를 눌러 앉히는
일이 결코 쉽지 않았다. 그러나 그의 가출계획은
수포로 돌아가고 말았다.

"하필 그해에 간염으로 몸져누웠던 아버지께
서 세상을 뜨고 말았습니다. 아마 지금처럼 농민
이 괄시당하고 천대받는 직업이었다면 앞뒤 안
보고 객지로 나갔을 겁니다."

1970년대에는 농사꾼이라면 제법 인기 있는 결
혼 상대였다. 곡식에 알이 여물 때면 이 마을 저
마을에서 중매가 들어왔다. 정광영 씨도 스물여
덟에 중매쟁이가 놓은 그 다리를 건너 인생의 반
려자를 만났다.

해 지난 달력 뒤에 쓴 35권의
'진짜 농사' 일지

지금의 주소지로 옮긴 건 1972년, 큰형님에게
서 논 1,600평, 밭 700평을 받은 그는 결혼과 함께
영농일지를 쓰기 시작했다.

"새로운 인생을 시작하는 만큼 한 해를 어떻게
살았는지 그걸 기록해 두고 싶었습니다."

1974년부터 써온 영농일지에는 하루일과, 계

절별 생산량, 총 수확량, 수매가격 등이 꼼꼼하게 기록되어 있다.

그가 누구든, 어떤 직종의 삶을 살든 기록하는 자 앞에서는 엄숙해질 수밖에 없다고 했던가. 그 것이 비록 하찮은 일일지라도 그 기록은 과거와 현재를 동시에 비추는 거울이라 했다. 해 지난 달력 뒷면에 모를 심듯 영농일지를 써온 그가 대뜸 '가톨릭 농민회'(이하 가농) 이야기를 꺼내 들었다.

"1975년에 가농이 들어왔는데 저한테는 꿈이었고 불이었습니다. 분회가 꾸려지고 대학생 농활이 유치되었지요." 30년 가까이 이어져온 대학생 농활이 3년 전부터 끊기고 말았지만 정광영 씨에게 가농은 자부심을 심어 주었다. 그는 가농을 통해 농업이야말로 한국의 제1차생명사업임을 깨달았다.

"사실 가농을 만나기 전까지만 해도 나는 전답이 있으니까 농사를 짓는 줄 알았습니다. 그런데 그게 아니었습니다. 농사는 생명운동의 시작이었습니다."

나 때문에, 나 때문이라는 후회

친환경 농업에 눈뜬 것도 바로 그 무렵이었다. 한 신부님의 강연을 들은 날 그는 차마 고개를 들을 수 없을 정도로 심한 충격에 휩싸였다. "그날 신부님이 이런 말씀을 하더군요. 한국에 암환자가 늘고 있는 이유는 농민들이 치는 농약 때문이라고."

가톨릭 집안에서 성장한 그는 갈피를 잡을 수 없었다. 제대 이후 어떻게든 벼 한 가마니라도 더 수확하고자 농약 치는 일을 예사로 여겼던 것이다. 그러나 신부님의 그 한마디는 그동안의 열정마저 산산이 부숴 버렸다. 자신도 신부님이 말한 농민 중 한 명일뿐이었다.

강연장을 나오며 작심한 대로 그는 한 해 아홉 번을 쳐온 농약을 세 번으로 줄였다. 그런데 문제가 생겼다. 가을걷이를 마치고 나자 지난해에 비해 수확량이 무려 30퍼센트나 줄었다. 물론 얻은 것도 있었다. 농약과 비료와 수확량의 관계였다.

"난감하긴 했지만 그때는 수확량보다 인간의 생명을 먼저 염두에 두었습니다. 어떤 사람이 매년 그 정도 양의 약을 복용하며 버티는 거라면 그것은 분명 심각한 문제이니까요. 그 사람은 결국 자신의 생명을 약으로 버티는 꼴이잖아요."

하지만 그것을 위안으로 삼기에는 주변의 눈총이 곱지 않았다. 같은 마을에 사는 큰형님은 네가 못하면 내가 대신 농약을 쳐주겠다며 화를 냈고, 3년째 수확량이 하향곡선을 그리자 부부간의 골도 한숨처럼 깊어졌다.

"그땐 속 꽤나 탔습니다. 남들보다 벼 수확도 떨어진 마당에 걸핏하면 가농 간다고 나가고, 농민회 간다고 나가고……. 농사일이 하루 미루면 열흘 가잖아요. 그런 줄 빤히 알면서 3년을 죽을 쑤다시피 했으니 어느 여잔들 좋았겠어요."

드디어 메뚜기를 본 그날

숫자에서 '3'은 절망과 희망의 경계라고 했던가. 친환경 농업을 고집하며 버텨온 지 3년째, 연간 70퍼센트를 밑돌던 수확량은 85퍼센트로 늘어났다. 관행농사를 지을 때와 비교하면 만족할 만한 수치는 아니었지만 그는 그보다 더 큰 것을 얻었다. 농약과 화학비료로 병들었던 땅에 새살이 돋기 시작했던 것이다. 벼 잎을 가장 좋아한다는 메뚜기를 발견한 날은 신기한 장난감을 손에 쥔 아이처럼 마을주민들에게 그 메뚜기를 보여 주었다.

"이듬해 봄에는 미꾸라지도 보였지요. 모를 심다 말고 미꾸라지 한 마리를 손바닥에 올려놓았는데, 얼마나 반갑고 기쁘던지……. 집 떠나 오랫동안 소식 없던 자식이 그제야 돌아온 기분이었습니다."

한동안 보이지 않던 미생물들이 논으로 밭으로 돌아오자 마을주민 서너 명이 가세하고 나섰다.

"그 마음이 농민의 마음 아닐까요? 죽었던 땅이 되살아나고 있다는 걸 느끼자 비로소 내가 저지른 잘못이 무엇인지 알 수 있었습니다. 수확에만 눈먼 나머지 정작 뭇 생명들에게 해를 끼치는 존재로 살아온 겁니다. 가장 고마운 사람은 아내였습니다. 만약 그 무렵에 아내가 묵묵히 도와주지 않았다면 나 역시 포기하고 말았을 겁니다."

한평생 살다 보면 남편은 아내를 닮고 아내는 남편을 닮는가 보다. 아내에게 살짝 "그동안 한 이불 덮고 산 남편에게 몇 점을 줄 수 있느냐."고 묻자 그는 엉뚱하게도 80점과 50점을 내놓았다. "남편으로는 80점, 농사꾼으로는 50점이에요. 왜 50점만 준 줄 알아요? 친환경 농사를 고집한 건 존경하지만 일손 바쁠 때 걸핏하면 나가서 그래요. 왠 오지랖이 그리 넓은지, 후후."

출처 : 「살림이야기」 01호

CHAPTER 05

내 몸에 에너지를 주는
곡물 요리

배가 든든하면 뭐든 자신감이 생긴다. '밥심이 뚝심'이다.
탄수화물이 주성분인 곡물은 열량을 내어 우리가 움직이고 활동할 수 있게 해 준다.
콩에는 단백질이 풍부하고 깨에는 식물성 지방이 풍부해서
곡물을 골고루 섭취하면 동물성 식품의 도움 없이도 건강을 유지할 수 있다.
쌀, 콩, 보리, 밀, 보리, 팥, 조, 깨 등이 그렇다.

검은콩국수

콩에 함유된 단백질은 콜레스테롤은 없으면서 필수 아미노산이 많아 성장을 돕고 각종 성인병을 예방한다.
특히 검은콩은 단맛이 있고 껍질이 얇아 콩국수로 만들면 껍질째 조리할 수 있다.
기를 보충하고 노화를 방지하며 오염된 환경에서 저항력을 길러 주는 꼭 필요한 식품이다.

재료(2인분)

검은콩	2컵
잣	3큰술
땅콩	20g
검은깨	3큰술
오이	1개
소면	200g
소금	약간

1 콩은 씻어 하룻밤 불린다.
2 찬물 10컵에 불린 콩을 넣고 끓기 시작하면
   10분 정도 더 삶아 건지고 콩 삶은 물은 따로 둔다.
3 믹서에 콩 삶은 물 4컵, 삶은 콩, 잣, 땅콩을 넣고 곱게 간다.
   굵은 체에 거르고 남은 건더기와 물 2컵을 넣고 곱게 갈아 한 번 더 체에 거른다.
4 오이는 채를 썰어 준비한다.
5 끓는 물에 국수를 삶아 찬물에 헹군다.
6 국수와 콩국물을 담고, 오이를 얹은 뒤 검은깨를 뿌려 낸다.

🥄 **콩 삶은 물**
콩은 반드시 익혀 먹어야 소화가 잘 되고 독성이 없다.
단 오래 삶으면 메주 냄새가 나서 맛이 떨어지므로 조심하자.
콩은 삶을 때 영양소가 물로 빠져나가므로 콩 삶은 물은 버리지 말고
콩 갈 때 넣어 섭취하도록 한다.

흑미 샐러드

흑미는 혈액순환을 돕고 몸을 따뜻하게 해 주는 곡물이다.
몸이 찬 사람에게는 면역력을 길러 감기를 예방하며
임산부나 성장기에 먹으면 도움이 된다.

1 흑미는 끓는 물에 넣고 20분간 삶는다.

2 체에 건져 찬물에 헹군 뒤 흑미 양념 재료를 넣고 버무려 둔다.

3 양상추는 씻어 먹기 좋은 크기로 자른다.
　파프리카는 채 썰어 올리브오일을 두르고 볶아 소금, 후춧가루를 뿌린다.

4 무순은 씻어 물기 뺀다. 자몽은 겉껍질, 속껍질을 벗겨 둔다.

5 양상추, 파프리카, 무순, 자몽, 흑미를 차례로 담아 올린다.
　모양틀을 사용하면 편하다.

6 소스를 뿌려 낸다.

재료(2인분)

흑미	3큰술
양상추	2장
붉은 파프리카	1/2개
자몽	1개
무순	1/2팩
올리브오일(볶음용)	적당량
소금 · 후춧가루	약간씩
흑미 양념 재료	
포도씨오일	1작은술
발사믹식초	1작은술
꿀	1작은술
소스 재료	
플레인 요구르트	4큰술
오렌지즙 또는 오렌지주스	2큰술
식초	1큰술
포도씨오일	1큰술
꿀	1큰술
씨겨자	1작은술
소금 · 후춧가루	약간씩

✎ **신장에 좋은 블랙 푸드**

신장에 좋은 검은색 식품은 조금만 넣어도 색이 짙어지므로 조금씩 매일 먹도록 한다.
흑미는 오래 불려 밥을 지으면 찰기가 더해져 맛있다.
흑미를 불릴 때는 물에 담가 두지 말고 씻은 뒤 체에 건져 불린다.

콩 바게트 샌드위치

고단백 저 지방 식품인 콩은 다이어트뿐만 아니라 뼈를 튼튼히 해서 골다공증을 예방하고 고혈압에 좋다.
녹황색 채소나 해조류 등과 함께 먹으면 흡수가 잘 되므로 샐러드 재료로도 그만이다.
풋콩은 단백질 소모가 많은 여름에 먹으면 몸을 보해 준다. 찹쌀과 먹으면 소화가 잘 된다.

재료(2인분)

완두콩 · 작두콩	1/2컵씩
물	2컵
소금	1/2큰술
그린 올리브	5알
잣	2큰술
바게트	1/2개
슬라이스치즈	1장
발사믹식초	1큰술

소스 재료

플레인 요구르트	100g
크림치즈	50g
꿀	1큰술
소금	약간

1 물에 소금을 넣고 끓으면 콩을 넣고 2분간 삶아 건져 찬물에 비벼 헹군다.

2 올리브는 반으로 자른다.

3 바게트는 반으로 갈라 속의 1/3을 파내고 슬라이스치즈를 잘라 뿌린 뒤 200도로 예열한 오븐에 5분간 굽는다.

4 콩, 올리브, 잣, 소스를 섞어 구운 빵에 담는다.

5 발사믹식초를 약간 뿌린다.

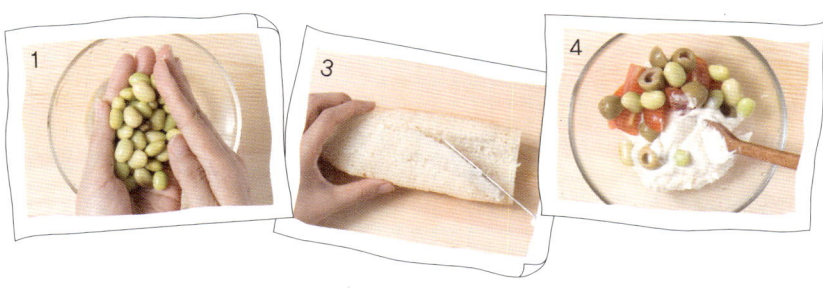

🍃 **풋콩은 껍질째 보관한다**

마르지 않은 풋콩은 껍질째 보관했다가 삶은 뒤 껍질을 벗긴다.
껍질이 잘 벗겨지고 수분도 빠지지 않아 맛과 영양이 좋다.
싹이 트면 독성이 생기므로 오래 보관하려면 냉동실에 넣어 둔다.

보리죽

보리는 쌀에 비해 당분이 적고 섬유소, 칼슘, 비타민B₁이 많아 당뇨와 비만에 좋다.
설사를 멎게 해 주므로 설사할 때 보리차를 많이 마시면 효과적이다.

재료(4인분)

통보리	1컵
쌀	1큰술
잣	3큰술
우유	3컵
소금	약간

1 씻어서 4시간 이상 불린 보리와 물 3컵을 넣고 블랜더로 간다.
2 1을 불에 올려 저으면서 푹 퍼지게 끓인다.
3 잣, 우유, 쌀을 곱게 간다.
4 2에 3을 넣고 끓인다.
5 그릇에 담고 먹기 전에 소금으로 간한다.

✎ 충분히 불려야 맛있는 보리

보리는 쌀알이 단단해 충분히 불려 삶은 후 밥을 지어야 한다. 압맥이나 할맥 등을 사용하면 미리 삶을 필요가 없어
조리가 쉬워진다. 보리를 씻을 때는 비비면서 탁한 물이 안 나올 때까지 충분히 씻어야 맛이 좋다.

팥죽

팥은 이뇨 작용을 돕고 변비 해소에 효과가 있다. 피로 회복에도 좋고 칼로리도 낮아 다이어트에 도움이 된다.
해독 작용이 있으므로 약을 오래 먹었을 경우나 숙취를 해소할 때 먹도록 한다.

재료(4인분)

팥	1컵
쌀	4큰술
소금 또는 꿀	약간씩
새알심 재료	
찹쌀가루	1컵
소금	1/2작은술
잣	적당량

1 팥을 삶아 첫 물은 버린 뒤 물 10컵에 팥을 넣고 무르게 삶으면서
   껍질은 최대한 걷어낸다. 믹서에 곱게 갈아 체에 걸러 팥물과 앙금을 분리한다.
2 팥물에 쌀을 넣고 끓인다. 쌀이 퍼지면 앙금을 넣고 끓인다.
3 찹쌀가루에 끓는 물 1큰술을 넣고 반죽한 뒤
   잣 1개씩을 넣어 동글게 새알심을 빚는다.
4 3을 끓는 물에 넣고 떠오르면 찬물에 헹군다.
5 2에 4를 넣고 떠오르면 불을 끈다.
6 그릇에 담고 취향에 따라 소금, 꿀을 넣어 먹는다.

✎ 팥죽 맛깔나게 끓이는 요령

팥죽을 데울 떠 찬물을 넣으면 겉물이 생기고 어우러지지 않으므로 뜨거운 물을 넣고 저으면서 데운다.
새알심은 만들어 녹말가루에 굴린 뒤 냉동 보관해 놓고 먹을 만큼만 삶아 넣는다.
처음부터 많이 넣으면 데우면서 풀어져 새알심은 없어지고 팥죽이 걸쭉해진다.

흑임자죽

검은깨는 신진대사를 원활하게 해 주어 혈색을 좋게 하고 탈모를 예방하며 검은 머리가 나게 한다. 손발이 저리고 혈액순환이 안 될 때 먹으면 좋다. 이 밖에 기억력이나 집중력을 키워 주고 뼈를 튼튼하게 하여 골다공증도 예방한다.

재료(2인분)

쌀	2큰술
검은깨	1컵
잣	1작은술
물	3컵
소금	약간

1 쌀은 씻어 30분 이상 불린다.
2 볶은 검은깨를 곱게 간 뒤 물 2컵을 넣고 다시 갈아 체에 거른다.
3 불린 쌀에 물 1컵을 넣고 곱게 갈아 체에 거른다.
4 간 쌀을 끓이다가 퍼지면 2를 넣고 눌어붙지 않게 저으며 끓인다.
5 그릇에 담고 잣을 올린다.
6 먹기 직전에 소금으로 간한다.

✎ **깨죽 끓이는 요령**
흑임자죽은 쌀을 적게 넣고 끓여야 농도가 잘 맞는다. 죽으로 먹으면 평소보다 많은 양의 깨를 섭취하게 되므로 체에 걸러 껍질을 제거해 소화에 부담이 없도록 한다.

발아현미 호두죽

현미는 백미에 비해 비타민E는 4배, 칼슘은 8배나 많고 식이섬유가 풍부하다. 노화를 막고 피로 회복에 좋으며 혈관을 튼튼히 한다. 또 몸의 습기나 열을 제거하고 병에 대한 저항력을 길러 주며 섬유질이 많아 성인병 예방과 아토피에 좋다. 발아현미는 좋은 현미를 골라 싹을 낸 것으로 비타민, 미네랄이 많고 현미 보다 부드럽다.

재료(2인분)

발아현미·쌀·호두	1/2컵씩
우유	1/2컵씩
소금	약간

1 발아현미는 깨끗이 씻어 물에 1시간 이상 불린다.
  불린 쌀에 물 1컵을 넣고 곱게 간다.
2 호두에 물 1/2컵을 넣고 곱게 간다.
3 1에 물 1컵을 넣고 끓이다가 약한 불로 줄이고 가끔 저으면서 퍼지게 끓인다.
4 발아현미와 간 호두를 넣고 저으면서 끓인다.
5 우유를 넣고 저으면서 끓인다.
6 그릇에 담고 장식용 호두를 올린다. 먹기 전에 소금 간한다.

✎ **거친 음식, 현미와 발아현미**
거친 현미는 씹을수록 포만감을 주어 다이어트에 효과적이다. 식이섬유가 풍부한 반면 잘 퍼지지 않아 물에 5시간 이상 불려 불린 물 그대로 밥을 짓는다. 발아현미를 씻을 때는 맑은 물이 나올 때까지 씻으면 영양소가 다 빠져나가 므로 살살 비벼 씻는 게 좋다.

재료(4인분)

차조	1/3컵
쌀	2컵
물	$2\frac{1}{3}$컵
염장 다시마	100g
홍고추	1개
참기름	1큰술
소금	1/2작은술
초고추장	
고추장	1큰술
식초	1/2큰술
물엿	1/3큰술

1 쌀과 조는 각각 씻어서 체에 건져 둔다.

2 밥통이 쌀과 밥물을 넣고 조를 올려 밥을 짓는다.

3 염장 다시마는 깨끗이 씻어 찬물에 두 번 우린 뒤 끓는 물에 살짝 데친다.

4 다시마는 3×10센티미터 크기로 자른다.

5 홍고추는 씨를 빼고 잘게 다져 물기를 뺀다.

6 밥에 다진 홍고추, 참기름, 소금을 넣고 비빈다.

7 한 입 크기로 밥 모양을 잡아 다시마로 말아 준다.

🥄 조 씻기

조는 알기 작아 씻을 때 체로 건지며 씻어야 낭비가 없다.

돌이 들어 있을 수 있으니 조리로 인 뒤 밥에 넣는다. 물에 뜨는 건 버린다.

조밥 다시마쌈

하얀 쌀 위에 노란 조가 앉힌 밥은 색이 예쁘고 차지게 느껴져 보기만 해도 입맛이 돈다.
조는 혈당을 조절해 당뇨에 좋고 대장의 활동을 도와 노폐물을 배출하므로 황달 치료에도 효과적이다.
좁쌀미음으로 환자식을 하면 소화도 잘 되고 기운이 난다.

청포묵말이

청포묵은 녹두앙금으로 만든다. 녹두는 몸속의 노폐물을 제거해 주고 해독 작용이 뛰어나다.
또 간에 좋고 주독도 해독해 주어 애주가들이 선호하는 음식이다.
노폐물이 많이 쌓이는 겨울에 녹두부침이나 숙주나물, 청포묵, 녹두죽 등
다양하게 조리해서 먹으면 건강해진다.

재료(4인분)

청포묵	1개
미나리	50g
달걀	2개
청오이	1개
건표고버섯	2개
무순	1/2팩

버섯 양념 재료

간장	1작은술
매실청	1작은술
참기름	1작은술

양념장 재료

간장	2큰술
식초	1큰술
매실청	1큰술
깨소금	1큰술
참기름	1/2큰술

1 묵은 끓는 물에 데쳐 식힌 뒤 얇게 썬다. 미나리도 손질해 더 쳐 둔다.

2 오이는 돌려 깎아 씨를 뺀 뒤 채 썰어 소금 1작은술을 넣고
절였다 헹궈 물기를 제거하고 프라이팬에 살짝 볶는다.

3 달걀은 황백으로 나누어 지단을 부친 뒤 5센티미터 길이로 채 썬다.

4 건표고버섯은 물에 불려 뒀다가 채 썬 뒤
양념을 넣고 밑간한 다음 볶아 식힌다. 무순은 씻어 물기를 제거한다.

5 양념장을 섞어 둔다.

6 묵에 지단, 오이, 표고, 무순을 넣고 말아서 미나리로 묶는다.
접시에 소스를 깔고 청포묵말이를 담는다.

🥄 **녹두의 작용**

한약을 먹을 때 녹두를 삼가는 것은 녹두가 한약을 분해해서 약효를 떨어뜨리기 때문이다.
반대로 약을 먹기 전에 녹두를 먹어 몸을 깨끗이 한 다음 한약을 먹으면 약효가 좋아진다.
찬 성질의 곡식이므로 장기간 먹지 않도록 한다.

메밀전병

메밀은 몸의 열을 식혀 주므로 여름에 먹으면 좋다.
모세혈관을 강화시키고 뇌출혈을 막아 고혈압에 효과적이다.
단백질, 칼슘이 많으면서 칼로리는 낮아 다이어트에 도움이 된다.
메밀은 가루를 내도 영양 손실이 적어 다양하게 조리할 수 있다.

1 무는 채 치고 느타리버섯은 찢어
　소금 1큰술을 넣고 20분간 절인 다음 물에 헹궈 꼭 짠다.
2 절인 무와 버섯을 프라이팬에 바짝 볶는다.
3 고추는 가늘게 채 썰어 물에 담가 두었다가 물기를 제거한다.
4 부침물을 만들어 체에 거른다.
5 프라이팬에 기름을 약간 두르고 한 큰술씩 떠서 얇게 전병을 부친다.
6 전병 위에 볶은 무와 버섯, 고추를 넣고 말아서 겨자장을 뿌려 낸다.

재료(4인분)

무	200g
홍고추	1개
청고추	1개
느타리버섯	50g
포도씨오일(부침용)	적당량
부침물 재료	
메밀가루	1컵
물	2/3컵
간장	1/2큰술
소금	1/2작은술
참기름	1큰술
겨자장 재료	
연겨자	1/2큰술
간장	1/2큰술
식초	1큰술
매실청	1/2큰술
배즙	1큰술
소금	약간

🖎 메밀은 무와 함께

메밀은 무와 함께 먹으면 소화가 잘 된다. 메밀국수를 먹을 때 무즙을 곁들여 먹는 것도 그 이유다.
메밀은 내장의 지방을 빼 주어 복부 비만에 좋으므로 차로 만들어 자주 마셔도 좋다.
단 몸이 냉하고 장이 좋지 않은 사람은 주의한다.

깨강정 스틱

식물성 지방인 깨는 동맥경화를 막고 변비를 예방하며 신진대사를 도와 노화를 예방한다.
채소 요리에 넣으면 감칠맛을 내준다. 피부 건조를 막고 피부를 곱게 한다.
뇌의 활동을 도와 머리를 많이 쓰는 학생들의 간식으로 그만이다.

재료(4인분)

볶은 깨	1컵
잣	약간
조청	3큰술
물	1큰술
소금	약간
식초	3방울
설탕	2큰술
포도씨오일	약간

1 깨와 잣을 따뜻하게 볶는다.

2 조청, 설탕, 물, 식초를 그릇에 담아 시럽을 만드는데 따뜻한 물 위에 중탕으로 녹인다.

3 따뜻하게 볶아진 깨와 잣에 시럽을 넣고 약한 불에 실이 보이게 볶는다.

4 비닐봉투 안에 포도씨오일을 약간 바르고 3을 넣은 뒤 밀대로 얇게 민다.

5 굳기 전에 2X10센티미터 크기로 길게 자른다.

🥄 **깨 맛있게 볶기**

깨는 지방이 많아 산패되기 쉬우므로 냉동 보관하는 게 좋다. 깨는 볶아야 고소한데 센 불에 재빨리 볶은 다음 불을 줄여 약한 불에서 통통해질 때까지 충분히 볶는다. 볶은 뒤 팬에서 다른 그릇에 옮겨 담아야 타지 않고 빨리 식어 더욱 고소하다.

재료(2인분)

두부	1/2모
자른 미역	2큰술
비타민	30g
파프리카	1/2개
메밀싹	1/2팩
양파	1/4개
토마토	1개
밀가루·소금·후춧가루	약간씩
포도씨오일(부침용)	적당량
소스 재료	
다진 마늘	1/2큰술
간장	3큰술
식초	1큰술
레몬즙	1큰술
매실청	1큰술
소금	1/3작은술
포도씨오일	2큰술
통깨	1큰술

1 두부는 사방 1.5센티미터 크기로 잘라 소금, 후춧가루를 약간 뿌린 뒤 물기를 제거한다.
  여기에 밀가루를 약간 뿌려 포도씨오일 2큰술을 팬에 두르고 두부를 굽는다.

2 미역은 물에 불렸다가 찬물에 헹궈 물기를 뺀다.
  양파는 굵게 다져 얼음물에 헹군 뒤 물기를 빼 다지고 토마토는 굵게 다진다.

3 소스를 섞은 뒤 양파, 토마토를 넣고 섞는다.

4 비타민은 씻어 먹기 좋게 자르고 파프리카는 채 썬다.

5 접시에 파프리카, 미역, 메밀싹, 비타민을 돌려 담고 가운데에 1의 두부를 놓는다.
  먹기 전에 소스를 뿌린다.

✎ 성질이 온화한 두부

두부는 성질이 온화해 많이 먹어도 부작용이 없다. 우유를 잘 소화시키지 못하는 사람들이 먹으면 좋다.
두부 요리에 깨를 넣으면 맛도 고소해지고 영양 흡수도 좋아진다.
두부는 상하기 쉬우므로 되도록 소포장된 것을 구입해 바로 먹도록 한다. 남은 두부는 물에 담가 냉장 보관한다.

두부 미역 냉채

두부는 콩의 단백질과 불포화 지방산은 그대로 함유하면서 소화 흡수는 더 좋아진다.
고혈압, 골다공증, 비만 예방에 효과가 뛰어나다. 콩을 삶을 때 거품으로 녹아 나오는데
사포닌은 두부, 된장 같은 콩 가공식품에 많이 들어 있다. 콩 사포닌은 간세포를 재생시키고 항암 작용을 한다.

밤 부꾸미

밤에는 비타민C가 많아 감기 예방에 효과가 있고 칼로리가 낮아 다이어트에 좋다.
하지만 전분이 많아 날로 먹을 땐 소화가 잘 안 되므로 익혀 먹도록 한다.
찹쌀과 밤은 배탈이 잦고 위가 약한 사람에게 도움이 된다.

재료(2인분)

찹쌀가루 ······················ 1컵
밤 ····························· 5알
꿀 ····························· 2큰술
소금 ··························· 약간
대추 ··························· 2개
쑥갓(장식용) ··············· 적당량
포도씨오일(부침용) ······· 적당량

1 찹쌀가루에 끓는 물 2큰술과 소금을 약간 넣고 치대어 매끈하게 반죽을 한다.

2 밤은 삶아 껍질을 벗겨서 곱게 부순 뒤 꿀, 소금을 약간 넣고 섞은 다음
  작고 동글게 빚는다.

3 찹쌀반죽을 0.5센티미터 두께로 동글납작하게 빚는다.

4 프라이팬에 기름을 약간 둘렀다 닦아낸 뒤
  3을 놓고 약한 불에서 지진다. 투명하게 익으면 뒤집어 익힌다.

5 접시에 설탕을 약간 뿌리고 4를 올린다.
  2의 소를 올리고 반으로 접은 뒤 숟가락으로 끝을 누른다.

6 대추와 쑥갓으로 장식한다.

🍃 **차지게 만드는 익반죽**

찹쌀가루는 떡집에서 파는 신선한 제품을 선택하자. 반죽은 끓는 물로 익반죽해야 기름을 많이 먹지 않는
차진 부꾸미를 만들 수 있다. 익반죽한 것은 수분이 빨리 날아가므로 비닐에 담아 둔다.

믿고 살 수 있는 친환경 매장

현재 국내 친환경 농산물의 인증은 국립농산물품질관리원에서 '저농약', '무농약', '전환기', '유기농' 네 종류로 구분하여 시행하고 있다. 저농약이란 유기합성농약과 화학비료는 기준 사용량의 2분의 1을 사용하되 제초제는 전혀 사용하지 않고 재배한 것을 말하며, 무농약이란 화학비료를 기준량의 3분의 1을 사용하되 유기합성농약과 제초제는 사용하지 않고 재배한 것을 말한다. 전환기란 무농약 재배를 시작한 후 유기농 인증을 받기 전까지 이행 기간 중 재배한 것을 말하고, 유기농이란 일정 기간 화학비료와 유기합성농약을 사용하지 않고 재배한 것으로 식품첨가물을 넣지 않고 유전자조작 식품이 아닌 것을 가리킨다. 대표적인 친환경 매장에는 어떤 곳이 있는지 생활협동조합과 전문매장으로 나누어 소개한다.

생활협동조합

소비자가 조합원으로 가입하여 함께 운영하는 형태로 일정 출자금과 조합비를 납부해야 이용할 수 있다. 대부분 인터넷으로 주문할 수 있고 일주일에 1회 배송되므로 홈페이지를 참고한다. 곡물, 채소, 과일, 축산물, 장·양념, 반찬 등의 기본 품목은 모든 생협이 비슷하지만 가공식품이나 생활용품 등은 각 생협마다 조금씩 다르다.

한살림
02-3498-3600 www.hansalim.or.kr
한살림은 한 집에서 살림하듯 더불어 살자는 뜻. 가입비와 출자금을 내고 조합원으로 가입하면 제품을 구입할 수 있다. 100퍼센트 국내산을 판매하는 것을 원칙으로 한다. 생명, 생태, 공동체를 기치로 한살림 운동을 전개한다.

- **매장** 서울·경기 50곳, 기타 지역 60곳
- **방법** 지역생협 조합원으로 가입한 뒤 출자금과 가입비 납부(지역마다 회원 가입 절차가 약간씩 다름)
- **배송** 지역매장별 주 1~2회 공급(주문 마감일 제도)
- **품목** 기본 품목 + 두부·어묵·묵 / 수산·건어물 / 떡·빵·잼 / 면·만두·피자 / 건강식품·꿀 / 차·음료·유제품 / 과자·빙과 / 화장품 / 생활용품

한국생협연대
1577-0178 www.icoop.or.kr
지역주민운동으로 출발한 부평생협을 모태로 1997년 경인지역생협연대를 출범한 뒤 현재 한국생협연구소를 비롯해 지역생협활동을 지원하기 위한 생협연합회와 유기농 도매시장을 운영한다.

- **매장** 서울 8곳, 경기 16곳, 기타 지역 41곳
- **방법** 지역생협 조합원으로 가입한 뒤 출자금과 조합비 납부(지역마다 조합비와 가입 절차가 약간씩 다름)
- **배송** 매일 오후 11시 주문 마감 뒤 3일 내 배송
- **품목** 기본 품목 + 신선 가공식품 + 차·음료 / 수산물 / 간식거리 / 건강식품 / 면·만두 / 건재 / 친환경 생활용품

두레생협연합회
02-3283-7290 www.dure.coop
'생협수도권연합회'를 모태로 출발. 2004년 '지역생명운동'이라는 새로운 정체성을 확립하고 '두레생협'으로 개칭했다. 생산이력시스템을 갖추고 있어 각 상품의 생산지, 생산자, 생산과정을 확인할 수 있다.

- **매장** 서울 12곳, 경기 29곳
- **방법** 지역생협에 가입한 뒤 출자금과 가입비 납부
- **배송** 지역 매장별 주 1회 공급(주문 마감일 제도)
- **품목** 기본 품목 + 가공식품 / 일일식품 / 차·음료 / 건강식품 / 생활용품 / 여름 기획 / 수산·건어물

정농생협
02-404-6247 www.jungnong.com

농민들의 모임인 정농회가 기반이 되어 운영되는 생활
협동조합. 우리나라 조직적 유기농법 실천의 첫 출발
점. 기존 4단계 인증을 넘어 물품에 따라 6~8단계로 기
준 설정(비닐 멀칭, 퇴비의 질, 질산염, 종자, 경력 등을
종합적으로 고려).

- **매장** 서울 5곳
- **방법** 조합원으로 가입한 뒤 출자금과 가입비 납부(기
  본 교육 이수해야 함)
- **배송** 주 3회 공급(주문 마감일 제도)
- **품목** 기본 품목 + 두부 · 어묵 / 면 · 간식 / 가루음식 ·
  떡국 / 차 · 음료 / 건강보조식품 / 생활용품 /
  화장품 / 천연염색 / 수산 · 건어물

콩세알을 심는 농부(풀무생협)
070-7764-9283 www.kongseal.com

6백여 명의 친환경 생산자가 주축이 되어 만든 온라인
유기농 유통매장. 오프라인 매장은 없다. 일반회원으로
가입한 뒤 이용할 수 있다. 생산지가 홍성군 홍동면 일
대에 밀집되어 있다.

- **매장** 없음
- **방법** 일반회원으로 가입한 뒤 이용 가능
- **배송** 당일 오후 10시까지 입금 확인 뒤 2일 내 배송
- **품목** 기본 품목 + 가루식품 / 간식 · 면 / 차 · 음료 /
  건강식품 / 환경생활용품

여성민우회생협
02-581-1675 www.minwoocoop.or.kr

한국여성민우회가 주체로 농업 · 환경 · 지역 살리기 활
동을 펼쳐 왔다. 지역주민과 조합원을 대상으로 환경, 친
환경 소비, 식품안전, 요리, 건강 등 강좌와 생산지 견학
및 요리, 노래, 책읽기, 영화, 생태목공 등 소모임, 생산자

1일 점장제, 여성생산자, 소비자 교류회 등을 운영한다.

- **매장** 서울 · 경기 12곳, 기타 지역 1곳
- **방법** 조합원으로 가입한 후 출자금과 가입비 납부
- **배송** 주 1회 공급(주문 마감일 제도)
- **품목** 기본 품목 + 우리밀제품 / 건강식품 / 차 · 음료 /
  수산 · 건어물 / 환경생활용품

인드라망생협
02-576-1882 www.budcoop.com

도농 공동체운동을 통한 도시와 농촌의 친환경농산물
직거래를 구상하고 불교귀농학교를 수료한 동문들이
전국 각지에서 생산한 생산물을 공급한다.

- **매장** 전국 사찰 4곳
- **방법** 조합원으로 가입한 뒤 출자금과 가입비 납부
- **배송** 월요일 주문 마감 / 매주 목요일 발송
- **품목** 기본 품목 + 일일식품 / 우리밀제품 / 수산물 /
  간식 / 친환경생활용품 / 건강식품

환경운동연합 ECO생협
02-733-7117 www.ecocoop.or.kr

2002년 환경운동연합 주최로 생협위원회를 발족한 뒤
종로에 첫 매장을 열었다. 소비자와 유기적으로 결합하
기 위한 생산자회를 운영하고 조합원이 참여하여 생산
자와 직접 대면해 생활재를 검증하는 자주인증제도와
자주감사제도가 있다.

- **매장** 서울 4곳
- **방법** 조합원으로 가입한 뒤 출자금과 가입비 납부(서울
  거주자에 한함), 지역 매장별 주 1회 공급(주문 마감
  일 제도)
- **품목** 기본품목 + 가공식품 / 일일식품 / 차 · 음료 /
  건강식품 / 생활용품 / 여름기획 / 수산 · 건어물

유기농 유통전문매장

생활협동조합과는 조금 다르지만 다양한 친환경 상품을 많은 지역 매장에서 만날 수 있다. 여러 가지 참여활동
을 벌여 소비자가 쉽게 유기농을 접할 수 있다.

무공이네
02-441-8266 www.mugonghae.com

직거래 장터와 매주 수요일에 진행하는 번개 장터는 이
곳만의 특징. 유통기한이 얼마 남지 않은 상품을 깜짝 세
일해 저렴한 가격에 구입할 수 있다. 온라인 매장을 통해

오전 10시까지 주문하면 당일 배송된다. 서비스나 배송
문제, 상품파손 시 100퍼센트 환불을 원칙으로 한다.

- **매장** 전국 직영점 20여 곳 / 가맹점 11곳 / 농협 아침
  마루 입점

- **방법** 일반회원 / 로하스 회원(가입비와 월회비 납부 시 할인율 적용)
- **배송** 서울·경기 일부는 당일 배송 / 그 외는 익일 배송
- **품목** 기본 품목 + 간식·면 / 건강식품 / 차·음료 / 생활잡화 / 여성 / 문구·완구

초록마을
080-023-0023 www.hanifood.co.kr

초록마을 인터넷 사이트와 전국 2백여 초록마을 매장을 통해 국내에서 생산되는 친환경 유기농 식품 및 환경생활용품 주류 등을 판매한다. 100퍼센트 국내산 제품만을 취급한다.

- **매장** 서울 46곳, 경기 50곳, 기타 직영점 111곳 / 가맹점 50여 곳
- **방법** 일반회원으로 가입한 뒤 구매 가능
- **배송** 일반물품은 주문 뒤 익일 배송, 저온물품은 주문 이틀 뒤 배송.
- **품목** 기본 품목 + 건강식품 / 간식·면 / 차·음료 / 생활용품 / 수산·건어물

유기농 녹색가게 신시
1644-6279 www.shinsi.com

(주)녹색세상의 유기농 유통 사업기구. 신시 매장을 시작으로 생태마을, 녹색문화사업, 출판문화사업 등을 운영하고 있다. 생산지 탐방 프로그램, 생태, 건강, 육아, 교육 등 다양한 분야의 정보 수록. 해외 유기농도 취급한다.

- **매장** 서울·경기 35곳, 기타 지역 80곳
- **방법** 일반회원으로 가입한 뒤 이용 가능
- **배송** 주 3회 공급(주문 마감일 제도) / 서울·경기 지역은 당일 배송
- **품목** 기본 품목 + 우리밀제품 / 차·음료 / 건강식품 / 간식 / 생활용품 / 수산·건어물

올가
080-596-0086 www.orga.co.kr

ORGANIC의 앞 네 글자를 줄인 '올가'는 풀무원에서 운영한다. 순수 한우, 아토피 전용 식품, 친환경 소재 생활용품 취급. 백화점과 대형할인마트 내 매장 운영, 체험샘플, 산지체험 프로그램 운영, 매월 총매출액의 0.1퍼센트를 지구사랑기금으로 기부한다.

- **매장** 서울·경기 직영점 9곳, 전국 입점 매장 26곳(롯데백화점 등)

- **방법** 일반회원으로 가입한 후 구매 가능
- **배송** 서울·경기 지역 당일 배송 / 그 외 익일 배송
- **품목** 기본 품목 + 차·음료 / 건강식품 / 간식·면 / 수산·건어물 / 생활용품

유기농 미생채
02-3667-3691~3 www.misaengchae.com
www.healgreen.com

(주)GMF에서 운영하는 친환경 농산물 전문 유통점. 농민과 1천 여 명의 약사들이 참여. 뉴질랜드의 유기농 전문기업인 허클베리팜스&힐그린 또한 미생채가 운영한다. 아토피 등 건강제품에 강하다.

- **매장** 미생체-전국 19곳, 힐그린-전국 7곳
- **방법** 일반회원으로 가입한 후 구매 가능
- **배송** 전일 오후 5시 30분까지 주문 뒤 익일 배송
- **품목** 기본 품목 + 화장품·바디용품 / 허브·아로마 / 아토피 / 유기농의류

한마음 유기농 쇼핑몰
0505-625-6245 www.yuginong.co.kr

호남 최초의 유기농업 단체인 한마음공동체가 주최. 한마음자연학교, 생태유치원, 장성여성농업센터 등도 운영한다. 지역생산자 조직 및 공동체 물류센터를 갖추고 있다.

- **매장** 전국 56곳
- **방법** 일반회원으로 가입한 뒤 구매 가능
- **배송** 입금 확인 뒤 당일 배송
- **품목** 기본 품목 + 음료·차 / 건강식품 / 간식·면 / 환경생활용품 / 자연요법용품 / 수산·건어물

유기농 스토리
02-3426-6204 www.organic-story.com

국내 최초의 유기농 수입식품 전문점. IFOAM 소속체의 국제 유기농 인증을 받은 제품을 취급한다. 산모 회원 가입시 5퍼센트 할인제를 실시한다.

- **매장** 전국 백화점 수입식품 코너 및 유기농식품 코너(현대, 신세계, 롯데 등)
- **방법** 인터넷은 일반회원 및 비회원 구매 가능
- **배송** 입금 확인 뒤 익일 배송
- **품목** 해외 유기농 가공식품 조미료·소스 / 음료수 / 면류 / 건과·무슬리 등

나에게 맞는
유기농 가게 찾기

채식인이라면?

육식에 입맛이 젖은 사람들도 채식으로 식습관을 바꾸는 데 어려움이 없도록 콩과 글루텐(밀)을 사용해서 채식고기를 만든 제품과 달걀, 동물성 원료, 화학조미료, 방부제가 들어가지 않는 순수한 채식 웰빙 먹을거리를 제공한다.

베지푸드 www.vegefood.co.kr / 해바라기 ww.62nong.org
베지월드 www.vegeworld.net / 채식사랑비즌 www.vegn.co.kr
베지랜드 www.vegeland.com / 베지테리아 vegeteria.co.kr

직접 보고 사야 안심된다면?

온라인에서 직접 사는 것은 믿을 수 없다. 지역 매장에서 꼼꼼히 살펴보고 장을 보는 세심형이라면 살고 있는 지역에서 가까운 곳에 친환경 매장이 있는지 살펴본다.

– 한국생협연대, 한살림, 두레생협, 정농생협, 여성민우회생협, ECO생협
– 무공이네, 초록마을, 올가, 미생채, 한마음유기농쇼핑몰, 유기농 녹색가게 신시, 유기농 스토리, 온라인 유기농도매센터, 총각네 야채가게

싱글에게 딱 좋은 매장은?

싱글은 적은 양을 파는 곳이 딱 좋다. 한번 장을 보면 냉장고에 넣어 오래 두고 먹는 이에게 소량 포장으로 판매하는 친환경 매장을 추천한다.

무공이네 www.mugonhae.com / 힐그린 www.haelgreen.com
농군마을 www.canaanmall.com / 이팜 www.efarm.co.kr
미생채 www.misaengchae.com / 올가 www.orga.co.kr

아이가 있는 집이라면?

아이가 있는 곳은 더더욱 먹을거리, 입을거리, 생활용품에 신경 쓰게 마련이다. 먹을거리뿐만 아니라 아이에게 필요한 각종 분유, 이유식, 기저귀, 유아화장품, 장난감 등 친환경물품을 판매하는 곳을 소개한다.

유기스토어 www.62store.com / 신시 www.sh.nsi.com
해가온 www.hegaon.com / 힐그린 www.healgreen.com
미생채 www.misaengchae.com

구입하는 것으로만 만족 못해!

생태환경운동에 관심이 있고 소비자와 생산자의 건강한 관계를 꿈꾸는 분들에게 생활협동조합을 추천한다. 조합원 신분으로 생산과 유통 과정에 함께 참여할 수 있으며 소비자인 조합원이 농산물의 품질을 인증하는 '자주인증제도'를 시행하는 곳도 있다. 보통 조합원들에게 다양한 교육과 활동을 제공한다.

두레생협 www.dure.coop / 한살림 www.hansalim.or.kr
아이쿱생협연대 www.icoop.or.kr
여성민우회생협 www.minwoocoop.or.kr

산지체험에 가고픈 활동형

생산지 탐방과 주말농장, 논농사 체험 같은 생산 과정에 함께하거나 정월대보름, 단오, 가을걷이 등 절기별 축제를 하는 곳이다. 요리, 생태목공, 건강과 관련된 교육강좌와 지역회원 모임도 진행한다.

두레생협 www.dure.coop / 콩세알 www.kongseal.com
여성민우회생협 www.minwoocoop.or.kr
인드라망생협 www.budcoop.com / 신시 www.shinsi.com
무공이네 www.mugonhae.com / 올가 www.orga.co.kr
한마음공동체 www.yuginong.co.k
한살림 www.hansalim.or.kr

아토피 벗어던지고파~

대개 친환경 매장은 먹을거리가 중심이지만 매끈한 피부와 건강한 몸을 가꾸고 싶은 몸짱형을 위한 건강용품 및 생활용품이 많은 곳도 있다.

미생채 www.misaengchae.com
웰빙지기 www.wbzigi.co.kr / 신시 www.shinsi.com
여성민우회생협 www.minwoocoop.or.kr

사계절 입맛 돋우는

채식밥상 40가지

| 펴낸날 | 초판 1쇄 2009년 6월 30일 |
| | 초판 7쇄 2015년 2월 12일 |

지은이	최성은
펴낸이	심만수
펴낸곳	(주)살림출판사
출판등록	1989년 11월 1일 제9-210호

주소	경기도 파주시 광인사길 30
전화	031-955-1350 팩스 031-624-1356
홈페이지	http://www.sallimbooks.com
이메일	book@sallimbooks.com

| ISBN | 978-89-522-1144-6   13590 |